T0059558

MENORCA

Por **Antonio Vela** y **Miquel Rayó**

Revisión y actualización
de **Xavier Martínez i Edo**

ANAYA TOURING

GUÍA VIVA **MENORCA**

Autores: **Antonio Vela** y **Miquel Rayó** (rutas).
Actualización: **Xavier Martínez i Edo**

Editores de proyecto: **Mercedes de Castro** y **Javier Muñoz**. Edición: **Antonia Riera.** Coordinación técnica: **Mercedes San Ildefonso.** Equipo técnico: **Antonio Sereno** y **Michi Cabrerizo.** Mapas y planos: **Anaya Touring.**

Diseño tipográfico y de cubierta: *marivíes*

3ª edición: abril 2012.

© Grupo Anaya, S. A., 2012
Juan Ignacio Luca de Tena, 15. 28027 Madrid

Depósito legal: M. 11.753-2012
ISBN: 978-84-9776-645-6
Impreso en España - Printed in Spain

Contenido

■ Cómo utilizar esta guía

> MAPA GENERAL

Mapa de Menorca actualizado. En él se incluyen todas las localidades y lugares que aparecen en esta guía. Se recomienda su consulta para organizar los desplazamientos por las distintas poblaciones de la isla.

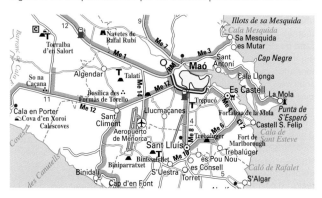

> MENORCA DE LA **A** A LA **Z**

En este apartado aparecen, por orden alfabético, las **localidades, lugares turísticos** y **espacios naturales** más significativos de la isla de Menorca. La descripción de cada uno de ellos consta de varias secciones fijas: Info, Transportes, Visita, Comer, Dormir, Tapeo, Cafés, La Noche, Compras... Además, en cada caso, se añaden otras secciones específicas en función de las características concretas de cada lugar: Fiestas, Deporte, Gastronomía...
También se incluyen tres **rutas** por la isla: centro, este y oeste.

> INFO

Incluye direcciones y teléfonos de las oficinas de turismo o Ayuntamientos, así como las publicaciones donde encontrar las últimas informaciones locales.

> TRANSPORTES

Resultará muy útil esta sección para realizar desplazamientos por la localidad o fuera de ella: aeropuertos, estaciones de ferrocarril y de autobuses, paradas de taxis, transportes marítimos, aparcamientos...

> VISITA

En este apartado aparece la **descripción monumental** o **paisajística** de cada lugar. En algunos casos se incluyen también los **alrededores**. En las páginas de la visita aparece también, en recuadros de color, información para conocer las zonas de **tapeo,** los **cafés** de moda, las **calles más comerciales,** las **fiestas** más divertidas... En el caso de Maó y Ciutadella, acompañando a la visita y para facilitarla, aparecen dos **planos** (de día y de noche) que en colores diferenciados muestran los distintos ambientes que se pueden vivir en ambas ciudades. En el **plano de día** se resaltan las zonas comerciales y las de tapeo, así como los restaurantes y monumentos más interesantes para visitar. En el **plano de noche,** donde se destacan los hoteles recomendados, se señalan las zonas más animadas para salir de noche.

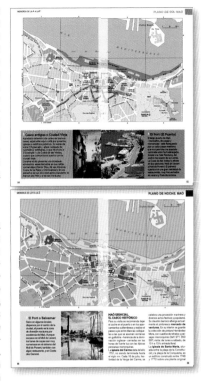

> DORMIR Y COMER

Se da información detallada de los hoteles y restaurantes seleccionados siguiendo un riguroso criterio de calidad-precio. En cuanto a los **alojamientos,** hemos intentado recomendar, en primer lugar, los que no exceden de los **90 €.** En segundo lugar se informa sobre otros hoteles de precio más elevado. Este precio corresponde, en general, al de la habitación doble con baño en temporada alta y baja.

Los **restaurantes** se han ordenado conforme a dos categorías: las casas con menú (que rondan los **15 €**) y los restaurantes en que se puede comer a la carta desde **25-30 €.**

Resultará fácil localizar los alojamientos y restaurantes en los planos de las localidades que lo incluyen.

> ÍNDICES

Los índices, al final de la guía, ayudarán a localizar fácilmente las localidades, mapas y planos.

SIGNOS CONVENCIONALES EN LOS PLANOS

PLANOS DE DÍA

- Edificios de interés turístico
- Parques y jardines
- **❶** Restaurantes
- **ℹ** Información turística

PLANOS DE NOCHE

- Edificios de interés turístico
- Parques y jardines
- **∎** Alojamientos
- **P** Parking

Signos convencionales en el mapa de Menorca

═══	Autovía
═══	Carretera autonómica de 1er orden
═══	Carretera autonómica de 2º orden
═══	Carretera local
───	Otras carreteras
⌐ 7 ⌐	Distancias en km parciales
Me 1	Números de las carreteras
○ **Ciutadella**	Poblaciones de 5.000 a 25.000 habitantes
◉ Santandria	Poblaciones de 1.000 a 5.0000 habitantes
○ S'Almudaina	Poblaciones con menos de 1.000 habitantes

Maó	Lugares de interés turístico o natural	⋔	Ermita
		♯	Castillo / Fortificación
▭	Parque Nacional / Parque Natural	⌒	Cueva / Gruta
☀ ☀	Vista panorámica	∴	Ruinas históricas / Arqueología
★	Curiosidad Natural	⚲	Faro
⛪	Edificio religioso de interés	⊕	Aeropuerto
T	Taula	⛽	Gasolinera
▲	Naveta	▲	Talaiot
⚉	Torre	Ⓒ	Cantera

Excursiones por la isla

═══	El centro
═══	El este
═══	El oeste

Menorca

Mapa de
carreteras

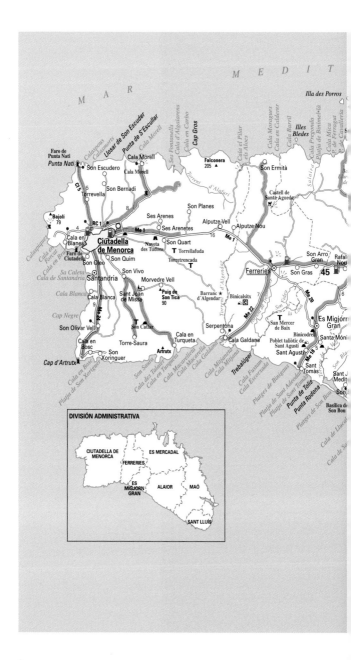

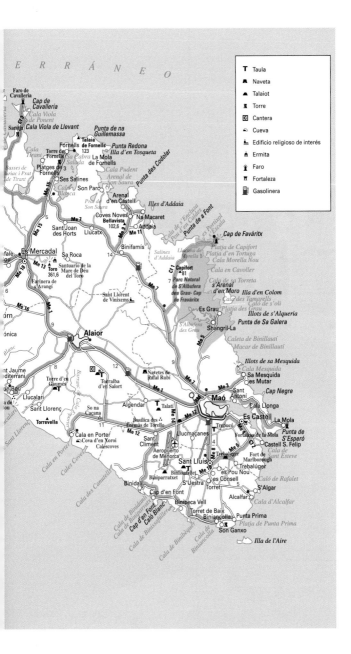

T	Taula
A	Naveta
▲	Talaiot
X	Torre
C	Cantera
⌒	Cueva
⛪	Edificio religioso de interés
♠	Ermita
≬	Faro
⛨	Fortaleza
⛽	Gasolinera

Menorca
de la A a la Z

ALAIOR

> 9.600 HABITANTES

Ubicada en lo alto de una pequeña colina, Alaior es una tranquila población industrial con pequeñas fábricas de helados, zapatos, quesos y artesanías. En sus proximidades se ubican algunos de los recintos arqueológicos más interesantes de Menorca —Torre d'en Gaumés, Torralba d'en Salord—, así como reputados núcleos turísticos de playa, tales como Cala en Porter, Son Bou y s'Arenal d'en Castell.

INFO Y TRANSPORTES

> Ayuntamiento
Carrer Major, 11.
Telf. 971 371 002.
www.alaior.org
> Autobuses
La compañía TMSA (Transportes Menorca S.A.). Telf. 971 360 475. Toda la información necesaria en su web: http://www.tmsa.es
Tiene los siguientes servicios: Maó-Ciutadella por Alaior, es Mercadal y Ferreries, Maó-Alaior-Playa de Son Bou; servicios también a Sant Climent, Cala en Porter y Sant Jaume.
> Taxis
Radio Taxi.
Telf. 971 367 111.
>Alquiler de automóviles
Autos Amigo. Xaloc, 12
(Cala en Porter).
Telf. 971 377 290.
Europcar. Pl. Bassa Sant Pere, 34
(Alaior). Telf. 979 378 802.

VISIT ■

Las calles de Alaior, siguiendo un típico trazado medieval, son estrechas y laberínticas; en torno a sus casas blancas destacan sus iglesias monumentales. No se debe pasar por alto la visita a los yacimientos prehistóricos y a sus calas.

EL CASCO ANTIGUO

La **iglesia de Sant Dídac,** conocida por el nombre de Sant Diegu, es un antiguo convento franciscano, fundado en 1623, que ha sufrido diferentes reconstrucciones a lo largo de su historia. En ella destacan su hermosa fachada plateresca y el **claustro,** denominado **sa Lluna,** con un pozo central. Las antiguas celdas del cenobio fueron convertidas en viviendas después de la desamortización de Mendizábal, y en la actualidad no se pueden visitar. La **iglesia** barroca **de Santa Eulària** fue construida en el siglo XVII; muy cerca, en el **carrer Major,** destaca el edificio de la **Casa Salord,** del siglo XVIII, actualmente una extensión de la Universitat de les Illes Balears.

Fuera ya del núcleo urbano se encuentra la **iglesia de Sant Pere Nou,** de la cual se distingue su fachada barroca.

Por los aledaños de Alaior discurre uno de los tramos más interesantes del **camí d'en Kane,** antigua vía de comunicación entre Maó y Ciutadella mandada construir por este gobernador británico. Asfaltado en parte, otros sectores de este camino histórico son inaccesibles por transitar por propiedades privadas o coincidir con la actual carretera general.

Calle de Alaior

YACIMIENTOS PREHISTÓRICOS

En el término municipal de Alaior encontramos importantes yacimientos arqueológicos.

Torre d'en Gaumés es el más importante conjunto megalítico de las Baleares; se accede a él por la carretera que conduce a la playa de Son Bou. El recinto talayótico –fechado en el siglo II a.C.– fue un conjunto sepulcral utilizado a lo largo de muchos siglos. Los romanos excavaron una tumba en la piedra horizontal de la taula. El *talaiot* es una torre megalítica que puede presentar distintas plantas: circular, ovalada, cuadrada; se sitúan en lugares altos, agrupados o aislados, a modo de torre de defensa o vigía, aunque también podrían haber servido como plataforma para la morada del jefe del poblado. La taula (mesa) es el megalito de significación religiosa más importante de la prehistoria menorquina. Consta de dos grandes piedras; una hincada verticalmente en el suelo –de forma cuadrangular– y otra –en forma de artesa– sobrepuesta horizontalmente a la vertical. Las taules acostumbran a encontrarse en el interior de un recinto amurallado, normalmente en forma de herradura, constituido por grandes lajas entre las que sobresalen algunos menhires. Desde el siglo XVIII han surgido

13

Compras

PIEL
Las típicas avarques (albarcas) pueden adquirirse en **Blanc i Verd** (Ramal, 15; telf. 971 371 179) o en **Ca s'Esparter** (Bassa Roja, 61; telf. 971 371 180).

GASTRONOMÍA
Para las sobrasadas y otros embutidos menorquines se puede acudir a **Ca na Juanita** (Menor, 4-5; telf. 971 372 353) y a la carnicería **Gabriel Mercadal** (Porrassar Vell, 9; telf. 971 371 088). Para quesos conviene dirigirse a **COINGA** (Cooperativa Insular Ganadera), una de las principales cooperativas menorquinas dedicadas a la fabricación de los excelentes quesos de la isla. Los lunes y viernes a las 11 h se exhibe un audiovisual didáctico sobre su elaboración. La tienda (Mercadal, 8; telf. 971 371 227) abre de lunes a viernes de 9 h a 14 h y de 17 h a 20 h. Los otros productores de quesos de la D.O.P. Mahón-Menorca en Alaior son **Hijo de Fco. Quintana** (ctra. Nova, 104. La Trotxa; telf. 971 371 133),
La Payesa (Banyer, 64; telf. 971 371 072), **Nicolás Cardona** (ctra. Nova, 56; telf. 971 371 128) y **Dalrit, S.L.** (av. del Pare Huguet, 55 - La Trotxa; telf. 971 371 155). En Alaior se halla también la planta de licores de **Bini Arbolla** (c. des Banyer, 60; telf. 971 378 122), donde pueden adquirirse licor de hierbas y otros licores tradicionales menorquines. En **La Tropical** (ctra. Mahón-Ciutadella, km 15,2; telf. 971 371 191), casa fundada en 1883, venden membrillos, turrones, mermeladas, *carquinyolis* y otros productos dulces de elaboración artesana. Día de mercado: jueves.

ANTIGÜEDADES
Trastets (ctra. Maó-Ciutadella, km 9,8) es un curioso almacén de antigüedades con todo tipo de objetos del campo menorquín, además de otros objetos de lo más diverso.

diversas interpretaciones sobre su función, desde servir como altar de sacrificios hasta mesa de descarne para los cadáveres. Sin embargo, la opinión más extendida y aceptada actualmente es la que le otorga un sentido puramente religioso. Poco antes de llegar a Cala en Porter conviene detenerse en el yacimiento de **Torralba d'en Salord,** donde se encuentra la taula más espectacular de la isla.

CALAS DE LA COSTA SUR
La *playa de Son Bou* es la más extensa de la costa menorquina. Cerca de las construcciones hoteleras se encuentra la famosa **basílica**

De arriba abajo, Cales Coves, basílica paleocristina de Son Bou y poblado talayótico de Torre d'en Gaumés

paleocristiana de Son Bou, descubierta en el año 1951. De planta rectangular, consta de tres naves; en el testero destaca el presbiterio con ábside semicircular. A un lado están los restos de la sacristía y el baptisterio, con una curiosa pila bautismal de piedra en forma de cruz trebolada. Los dinteles y las jambas de las entradas correspondientes a las tres naves son monolíticos, y recuerdan los monumentos megalíticos presentes en la isla. Difícil de fechar, se cree que fue construida en el siglo IV de nuestra era.

Cala en Porter es un lugar turístico por excelencia. La **cova d'en Xoroi** es una cueva colgada en el acantilado habilitada como discoteca. De ella se cuenta una curiosa leyenda: dicen que el pirata moro Xoroi se refugió en esta cavidad huyendo de la persecución cristiana; harto de vivir solo raptó a una bella doncella menorquina, con la cual se amancebó y tuvo varios hijos; descubierto en un frío invierno por sus huellas dejadas en la nieve, decidió arrojarse al vacío desde el acantilado antes de ser apresado. Se dice que algunos habitantes de Alaior, de cabello negro y ensortijado, son descendientes de Xoroi.

Próxima a Cala en Porter está **Cales Coves,** una doble cala rocosa con un conjunto de cuevas funerarias del periodo talayótico que, en el transcurrir de los tiempos, han sido utilizadas por los romanos como viviendas de pescadores y como morada de algunos *hippies* en la década de 1960.

Ver también la ruta por **El este de Menorca [pág. 49].**

PLAYAS DE LA COSTA NORTE

Al norte de Alaior hay dos buenas playas: *na Macaret* y *s'Arenal d'en Castell,* con excelente infraestructura turística. Cerca está el hermoso puerto natural del **Port d'Addaia,** con un club náutico y dos islotes que cierran el bello paisaje marítimo: s'Illa Gran y s'Illa Petita.

DORMIR
EN ALAIOR

No hay ningún alojamiento dentro del casco urbano de Alaior. Habrá que recurrir, pues, a los alojamientos de Maó y, en verano, a los hoteles turísticos de las calas más próximas, tales como Cala en Porter, Son Bou y Sant Jaume, en la costa sur, y el Arenal d'en Castell, en la costa norte.

HOTEL AQUARIUM***
Paseo de la Playa, 22 (Cala en Porter).
Telf. 971 377 077. www.ibbhotels.com
Habitación doble: 50-150 €.
Moderno, a unos 50 metros de la cala. La mayoría de habitaciones cuentan con una agradable terraza exterior. Opción interesante muy solicitada en verano. Piscina.

HOTEL PLAYA AZUL***
Passeig Marítim, 27
(Cala en Porter).
Telf. 971 377 421.
www.sethotels.com
Habitación doble: 45-155 €.
Moderno, cómodo y muy cercano a la playa de Cala. Habitaciones con terraza. Piscina.

ROYAL SON BOU HA***
Playa de Son Bou, s/n. Telf. 971 372 358
www.royalsonbou.com
Habitación doble: desde 80 €.
Cerrado del 1 de noviembre al 30 de abril. Habitaciones y apartamentos, muy apropiado si viajas con niños por la atención que reciben.

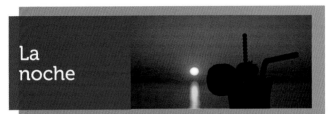

La noche

Alaior es un pueblo tranquilo en el que el ambiente nocturno se concentra en la plaça de la Constitució, concretamente en dos locales que sacan sus mesas a la plaza: **Es Grop** y el café-bar **Ca na Divina**. En esta plaza está también el viejo **Casino,** hoy centro cultural con un bar en la planta baja donde puede comenzarse la noche, especialmente en su animada terraza. Hay buena música en el **Transparent Bar** (plaça del Ramal, 22).

Durante el verano hay mucho ambiente en las playas, en cuyas urbanizaciones (totalmente muertas el resto del año) abren sus puertas restaurantes, bares y discotecas. A ellos hay que añadir las instalaciones propias de los grandes hoteles.

Durante los últimos años está en auge la noche estival de Son Bou, adonde acuden a divertirse gentes venidas de toda la isla. Aquí se halla el **Bou Hai,** bar-terraza de estilo hawaiano con animales exóticos y donde las copas se sirven sobre patines.

En Cala en Porter destaca la discoteca **Cova d'en Xoroi,** abierta todo el año y de fama mundial por su ubicación. Está habilitada en una gruta que se abre en el acantilado sobre el mar. Inolvidable las noches de luna llena.

COMER
EN ALAIOR

❭ **CASAS CON MENÚ (MENOS 15 €)**

CA'N JAUMOT
Sant Joan Baptista, 6-A y 6-B.
Telf. 971 378 294. www.canjaumot.com
Ofrece al mediodía varios menús económicos con platos de la cocina menorquina. No hay carta.

LA SALAMANDRA
Pg. Maritim, 4. Telf. 971 377 453.
Precio medio, 20 €.

Amplio establecimiento, con una terraza grande, agradable y zona recreatica. Ideal para ir con niños. Cocina internacional.

❭ **RESTAURANTES (DESDE 30 €)**

Cafè del Nord (Centro Comercial, 5; playas de Fornells; telf. 971 376 697). En el centro comercial de las playas de Fornells, ofrece la posibilidad de disfrutar de unos buenos arroces.

ES CASTELL-VILLACARLOS

❯7.990 HABITANTES

Situada en la misma boca del puerto de Maó, es Castell posee la singularidad de ser la población más oriental de España y, por tanto, la que recibe los primeros rayos del sol. Dada su proximidad a Maó, funciona como ciudad residencial, con algunos hoteles y muchos restaurantes que se suceden en dos calas urbanas de gran encanto, cala Corb y cales Fonts, muy animadas durante el verano.

INFO Y TRANPORTES

> **Oficina de Información Turística**
Plaça de s'Esplanada, 40.
Telf. 971 363 790.
> **Alquiler de automóviles**
Autos Mahón. Ponent, s/n.
Telf. 971 366 857.
Autos San Clemente. Ponent, s/n.
Telf. 971 351 239.

Autos Valls. Sant Ignasi, 22.
Telf. 971 354 924.
www.autosvalls.com
> **Taxis**
Telf. 971 362 779.
> **Autobuses**
Transportes Menorca.
Telf. 971 360 475 y 971 380 393.
www.tmsa.es; Servicios cada media hora a Maó entre las 7.30 h y las 21 h.

VISITA ■

La visita a es Castell se centra en los alrededores de la Plaça Major y de s'Esplanada, sin olvidar un paseo relajado por sus animadas calas.

EL CENTRO DE LA VILLA

Para acceder a es Castell desde Maó, lo más recomendable es cruzar el muelle comercial del puerto mahonés en dirección a **Cala Figuera,** desde donde una rampa nos comunicará con la carretera que conduce a la villa. No puede negársele a esta población su, antaño, carácter eminentemente militar. Fue mandada construir en 1771 por el gobernador inglés Mostyn para alojar a los soldados de la guarnición del fuerte de Sant Felip y a sus familias. Este mismo gobernador la bautizó con el nombre de George Town en honor al monarca británico Jorge III. Algo más tarde, en 1782, con el retorno de la isla a soberanía española, pasó a denominarse Villacarlos en honor del rey Carlos III. Alrededor del puerto y de la plaça de s'Esplanada se organiza la actual población, urbanizada geométricamente al estilo militar. Uno de los edificios más destacables es el **Ajuntament** (Ayuntamiento), rodeado por tres antiguos cuarteles militares, con una fachada típicamente colonial pintada con los colores que predominan en la población: blanco y rojo.

En el **cuartel de Cala Corb** se ha instalado el **Museo Militar de Menorca,** que cuenta con una interesante colección de mapas y grabados con motivos histórico-militares de la isla, así como con maquetas de diferentes fortificaciones (plaza de s'Esplanada; telf. 971 362 100; visita: de septiembre a mayo, lunes, miércoles y viernes de 10 h a 13 h; junio, julio y agosto, de lunes a viernes y el primer domingo de cada mes todo el año). La **iglesia del Roser** (del Rosario) es una construcción de fines del siglo XVIII; de estructura neoclásica, guarda en su interior una pila bautismal y un

La noche

En verano rebosan de animación los locales y terrazas que se despliegan en los muelles de Cala Corb y Cales Fonts. **Es Cau** es un animado lugar de Cala Corb, excavado en el acantilado, donde los clientes pueden coger una guitarra y cantar rancheras, habaneras, boleros... No es difícil ver de esa guisa a artistas y personajes de la política. También en Cales Fonts es muy agradable saborear un mojito en el **Chèspir,** cueva y terraza con música de jazz y blues.

El público más joven se deja caer en el local de moda, **Mamas & Papas** (Sant Jordi, 10-A), disco-pub y karaoke. Desde hace unos años, **sa Sínia** (Sant Josep, 49) se ha convertido en centro neurálgico de la noche menorquina; ocupa un espacio amplio y bien singular: unas antiguas canteras de marés que posteriormente fueron un establo para caballos y luego un restaurante. Hoy es un local nocturno con conciertos de grupos de la isla y de fuera, con música de todo tipo y una muy agradable terraza veraniega, además de numerosos huecos naturales de la antigua cantera.

Es Castell

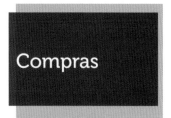

Compras

Hay **mercadillos** cada lunes y miércoles en s'Esplanada. Ropa, bisutería, zapatos, artículos de piel, etcétera.

Las avarques (albarcas) son unas sandalias de piel muy típicas de Menorca, ideales para el verano y la playa.

En Es Castell pueden comprarse en **s'Abarca** (Moll de Cales Fonts; telf. 971 353 462), así como bolsos de piel.

retablo procedentes de la antigua capilla del castillo de Sant Felip.

LAS CALAS DE ES CASTELL

Vale la pena pasear por la orilla del puerto durante la noche, especialmente por *cales Fonts* y *cala Corb.* Las antiguas casas de pescadores han dado paso a bares y restaurantes donde acude a cenar y tomar una copa gran parte de la población mahonesa.

LA CALA SANT ESTEVE

Se accede desde la carretera del cementerio municipal, en dirección a Sant Lluís. En el **castillo de Sant Felip** (visita: en junio, jueves a las 17 h y domingo a las 10 h; en julio y agosto, jueves y domingo a las 10 h; en octubre, noviembre, marzo, abril y mayo, sábado a las 10 h; en diciembre, enero y febrero, solo grupos concertados en el telf. 971 362 100), construido a mediados del siglo XVI y destruido a fines del siglo XVIII, aún se aprecia parte de sus construcciones defensivas: algunos lienzos de la muralla que protegía el recinto, el foso y algunos pasillos laterales. Al pie de esta fortaleza se desarrollaron algunos barrios, actualmente integrados en es Castell, por lo que a sus habitantes se les denominó *felipets.* Fue en este castillo donde los ingleses capitularon ante el ejército francés el 29 de junio de 1756.

En el antiguo polvorín, que se libró de la destrucción, se ubica actualmente una dependencia del **Museo Militar de Menorca** que alberga una interesante colección sobre la historia militar de la isla (visita: sábados y domingos de 11 h a 13 h; entrada gratuita).

En la otra orilla de la Cala Sant Esteve está el **fuerte de Marlborough,** construido por los ingleses entre los años 1710 y 1726. La particularidad de este fuerte, actualmente reconstruido, estriba en que está edificado a ras de tierra, rodeado de un gran foso y de numerosas galerías subterráneas. Su nombre se debe a sir John Churchill, duque de Marlborough, el general británico más destacado de la época, y al que sus enemigos franceses inmortalizaron en la canción infantil *Mambrú se fue a la guerra.* El fuerte que hoy visitamos corresponde a la última restauración realizada por los británicos en 1781. Un montaje audiovisual ilustra la vida

Puerto de
es Castell

en el fuerte, los asedios que sufrió y la historia de Menorca en el siglo XVIII (telf. y fax: 971 360 462; visita: de Semana Santa al 15 de abril, de martes a domingo, de 9.30 h a 15 h; del 15 de abril a septiembre, de martes a sábado, de 9.30 h a 20.30 h, domingo y lunes, de 9.30 a 15 h; de octubre a Semana Santa, cerrado. La visita dura unos 45 minutos. Se accede en coche desde es Castell o en barca desde Maó o es Castell). Ver ruta por **El este de Menorca [pág. 49].**

DORMIR
EN ES CASTELL

HOTEL DEL ALMIRANTE (COLLINGWOOD HOUSE)*
Carretera de Maó a es Castell.
Telf. 971 362 700.
www.hoteldelalmirante.com
Habitación doble: 66-110 €.
Antigua residencia de estilo colonial inglés que fue propiedad de Collingwood, amigo del almirante Nelson.
El viajero no se encontrará nunca solo ya que, según se cuenta, un fantasma-huésped habita permanentemente en la mansión, concretamente en la habitación número 7. Cierra de noviembre a mayo.

› OTROS HOTELES DE PRECIO MÁS ELEVADO

Hotel Agamenón**** (Agamenón, 16; telf. 971 362 150; www.sethotels.com; habitación doble: 110-300 €). Situación privilegiada, al lado mismo del mar, y excelentes vistas del puerto. Habitaciones actualizadas recientemente, con terraza, y piscina.

Hotel Barceló Hamilton*** (passeig de Santa Àgueda, 6; telf. 971 362 050; www.barcelohamilton.com; habitación doble: 110-195 €). Hotel con 166 habitaciones en la entrada de la rada de Maó, orientadas hacia la salida del sol. Restaurante con magnífico bufé libre; piscina y gimnasio. Fuera de temporada tiene ofertas muy interesantes que podemos aprovechar pues abre todo el año.

› TURISMO RURAL

SANT JOAN DE BINISSAIDA
Camí de Binissaida, 108.
Telf. 971 355 598.
www.santjoan.binissaida.com
Habitación doble: 130-280 €.
Hotel de agroturismo, con animales y huerto incluido, en donde podremos disfrutar de la tranquilidad como en ningún otro lugar. Estupendo jardín, piscina y terraza, además de todas las comodidades en las habitaciones y los espacios comunes. Reconocido restaurante.

COMER
EN ES CASTELL

› CASAS CON MENÚ (MENOS 15 €)

LA CAPRICHOSA
Cales Fonts, 44. Telf. 971 366 158.
Pizzería muy popular, sobre todo en verano, con terraza sobre el puerto. El menú habitual consta de pizza, ensalada, vino de la casa, postre y café.

SA FOGANYA
Ruiz y Pablo, 97.
Miranda de Cales Fonts.
Telf. 971 354 950.
Está especializado en tostadas de pan payés con tomate a las que se añade jamón serrano, queso, tortillas o cualquier embutido. También carnes y verduras a la brasa.

CAN DELIO
Muelle de Cales Fonts, 38.
Telf. 971 351 711.
Emplazado junto a la cala, en un rincón tranquilo y agradable, ofrece cocina mediterránea y menorquina, basada, sobre todo, en los productos frescos del mar. Excelentes arroces que se pueden degustar en la tranquila terraza junto al mar.

› RESTAURANTES (DESDE 30 €)

El **Mesón Ca'n Mito** (Cales Fonts, 12; telf. 971 362 625) está especializado en mariscos, pescados fritos, paella marinera, calderetas y tapas variadas.

Un local curioso es **Vell Parrander** (Cales Fonts, 52; telf. 971 369 419). Ofrece carta de pescados y mariscos en el marco de un simpático restaurante regentado por Floreal, componente del grupo musical *Los Parranderos*. Cuando está inspirado ameniza la velada con viejos boleros y canciones de Menorca.

El restaurante **Irene** (sa Font, 1; telf. 971 354 788) de reciente reforma, sirve una suculenta cocina balear que no nos dejará indiferentes. Se trata de un lugar frecuentado por los habitantes del lugar y con buen ambiente.

En el **Son Granot** (ctra. de Sant Felip, s/n; telf. 971 355 555) ofrecen cocina de mercado de tradición menorquina, con la típica caldereta como plato estrella.

Faro del cabo
de Cavalleria

EL CENTRO DE MENORCA

El presente itinerario recorre la parte central de la isla, entre Alaior, es Mercadal y Ferreries, visitando tanto las playas del norte como las del sur, diferentes en su morfología y en su paisaje: el norte, primario y oscuro; y el sur, miocénico y claro, calizo. La parte norte se caracteriza por sus suelos rojizos, procedentes de terrenos geológicamente muy antiguos, por su costa recortada en profundas bahías –Addaia y Fornells– y por sus cabos lanzados al mar –Favàritx y Cavalleria–. En la parte interior de estas bahías suelen formarse humedales que han sido aprovechados como salinas desde hace siglos.

Junto a las caletas protegidas entre breves acantilados –En Turqueta, Macarella, Son Saura...–, el sur de Menorca tiene también largos arenales –Santa Galdana, por ejemplo– cuya considerable longitud contrasta con la de las pequeñas playas del norte. En la costa del Migjorn, comprendida entre Binicodrell y Son Bou, hay lugar para todos, especialmente para los niños, que encontrarán en los someros fondos de limpias arenas un lugar idóneo para sus juegos.

CONJUNTOS ARQUEOLÓGICOS DE LA ISLA

❱ **Talatí de Dalt.** En la carretera de Maó a Alaior se encuentra, señalizado hacia la izquierda (aproximadamente en el km 4), el desvío para visitar **Talatí de Dalt,** un magnífico poblado talayótico que cuenta con una impresionante **taula,** un *talaiot,* salas hipóstilas e incluso una breve **muralla** ciclópea. Data probablemente de 1.300 a.C. y estuvo ocupado hasta bien entrada la dominación romana (siglo II d.C.). Se entra en el recinto por por los peldaños que la misma pared contiene *(botadors).* Hay que ser muy respetuosos con estos monumentos milenarios, emblemas prehistóricos de Menorca, y no subirse nunca a los *talaiots,* pues se pueden ocasionar daños irreparables.

❱ **Navetes d's Rafal Rubí.** Voviendo a la carretera hacia Alaior se encuentra, en el km 6, hacia la derecha, la señalización que marca el emplazamiento de las **Navetes d'es Rafal Rubí.** Situadas a apenas 100 m del desvío, junto a la misma carretera secundaria, merecen una visita concienzuda, especialmente para luego poder compararlas con la más esbelta Naveta d'es Tudons, en Ciutadella. Se trata de dos *navetes* macizas, de base más ancha y cuadrada; ambos edificios son tumbas colectivas procedentes del enigmático periodo pretalayótico menorquín.

En la página anterior, campos de la Menorca interior, y en esta página, taula de Talatí de Dalt, a la derecha, y poblado de Torre d'en Gaumés a la izquierda

Su construcción sigue el modelo básico: un corredor estrecho, una gran losa convertida en portal y dos cámaras superpuestas en un edificio en forma de nave invertida. Se deben cerrar siempre las barreras que se encuentren al paso.

◗ **Alaior [pág. 12]**, a 12 km de Maó, localidad famosa entre otras cosas por sus excelentes quesos y por sus zapatos, aparece en el horizonte como una densa aglomeración de edificios blancos, encalados hasta la perfección, entre los que destacan algunos del color de la piedra *marès* (el ocre de los sillares viejos de areniscas). Situada en un montículo, Alaior tiene calles que son un verdadero museo de la arquitectura popular menorquina.

◗ **Torre d'en Gaumés.** Desde Alaior podemos visitar otro de los grandes conjuntos arqueológicos de la isla: el extenso poblado de la **Torre d'en Gaumés [pág. 13]**. Lo encontraremos al dirigirnos hacia la playa y la marisma de Son Bou, al sur del término municipal. La carretera hacia Son Bou (a 6 km de Alaior) está perfectamente señalizada, así como el camino asfaltado, a la izquierda, que conduce al poblado (a unos 3 km). Sus tres grandes *talaiots,* integrados en el paisaje ondulado de la zona, destacan como pequeñas cimas desde las que el hombre primitivo debía contemplar, para su seguridad, un paisaje amplísimo. Hay salas hipóstilas, restos de viviendas, cisternas, silos y un recinto de taula. Se dice que tal vez llegaron a habi-

tar el poblado más de mil habitantes a la vez, y que era un activo centro comercial, como lo prueba el hecho de haberse encontrado una estatuilla del dios egipcio Imhotep. Fue habitado o usado hasta la Edad Media.

LOS ARENALES DEL MIGJORN

❭ **Son Bou.** La *playa* de *Son Bou* es un largo arenal abierto al sur (de 4 km), de arena fina y aguas proverbialmente transparentes. La urbanización es moderna y, aunque excesiva, ha respetado una importante zona húmeda: el *Prat de Son Bou,* generalmente cubierto de juncales y cañizal, donde se oye el canto estridente del ruiseñor bastardo y de los

zarzeros, con lagunas donde reposan ánades, fochas, garzas y otros pájaros migradores. Una iniciativa del programa europeo *Leader* ha convertido en colaboradores al sector hotelero de la zona con los grupos ecologistas locales en un plan conjunto para la gestión conservacionista de este importante enclave para las aves acuáticas.

El *Prat de Son Bou* se forma tras las anchas dunas gracias a los aportes de agua de los *barrancs* de es Bec y de Son Boter que, en su curso serpenteante entre paredes de roca caliza, cuentan con interesantes muestras de vegetación natural y de huertos tradicionales. Hay que dejar el coche en el aparcamiento para penetrar en las dunas y bordear la marisma a pie. La playa es muy

Cala Pregonda

concurrida y familiar. Por la costa se puede caminar hasta la pequeña *cala de Llucalari* (levante), ya entre acantilados, o a las también extensas *playas* llanas de *Binigaus* y *Atalís,* junto a la urbanización de **Sant Tomàs** (poniente).

En el **Club San Jaime** de Son Bou hay un parque acuático con piscinas y toboganes. El **cámping Son Bou** está rodeado de grandes pinares. Aguiluchos, águilas calzadas, milanos y cuervos demuestran la riqueza ornitológica de toda la zona. La urbanización permanece vacía durante el invierno.

En Son Bou se halla el emplazamiento de una **basílica paleo-cristiana [pág. 16].** El lugar está rodeado y protegido por un muro. Algunas hipótesis hablan de un posible asentamiento habitado cerca del lugar. Hay cuevas excavadas en las paredes de los acantilados próximos.

ALREDEDORES DE ES MERCADAL

) **Es Mercadal [pág. 82],** a 20 km de Alaior, parece estar situado en la mitad justa del camino entre las dos grandes ciudades de Menorca: Maó y Ciutadella. Además, tanto al norte de es Mercadal como el sur presentan lugares de gran interés para el turista. Es Mercadal es un compendio de arquitectura popular: las casas casi colgadas en el cauce del pequeño torrente que cruza el pueblo, algún *pont* o callejón cubierto, un gran aljibe...

Cala Galdana

▶ **Es Migjorn Gran.** Al sur se encuentra el pequeño pueblo de **es Migjorn Gran** (o Sant Cristòfol, a 7 km). En Sant Cristòfol la tranquilidad es absoluta: baste decir que en la administración del pequeño Ayuntamiento sólo trabajan tres funcionarios. Las calles son silenciosas, llenas de pequeños detalles que cabe buscar. Por ejemplo, la vista hacia el monte Toro que puede verse desde la calle llamada precisamente carrer de la Mirada del Toro. O también las pequeñas **hornacinas** con imágenes del santoral popular: los ángeles de la esquina de las calles Major y Malagarba, la del portal de la **iglesia** parroquial **de Sant Cristòfol,** con este mismo santo transportando al niño Jesús en su hombro, la Verge Maria en la esquina de las calles

Major y Nou. Curiosa y adecuadamente, el final del carrer Major, donde el pueblo termina, se llama es Cap de la Vila (el final de la villa).

▶ **Monte Toro. [pág. 82]** (350 m, a 2 km de es Mercadal) permite contemplar desde lo alto gran parte del recorrido que se describe. Es el monte más alto de la isla, y su lugar más emblemático, pues en él se ubica el **santuario de la Mare de Déu del Toro**, patrona de la isla.

LAS PLAYAS DEL SUR

Desde es Migjorn Gran la carretera se dirige hacia las *playas* de la costa meridional de la isla: *Sant Adeodat* y *Sant Tomàs,* urbanizadas (a 5 km), y *Atalís* o *Atàlitx* (levante, hacia Son Bou) y *Binigaus* (poniente), más alejadas. Todos estos lugares son también accesibles a pie por la costa, y la excursión es muy agradecida al permitirnos llegar a zonas poco frecuentadas. En algunas se practica el nudismo. No obstante, recuerde que en verano el sol puede provocar más de un disgusto. Protéjase la cabeza y lleve siempre agua para reponer la pérdida de líquidos. En la playa, por prudencia, no deje sin vigilancia sus objetos personales. Y, como siempre, mucha atención en días de oleaje a las banderas de salvamento, cuando las haya. El paisaje de esta parte del sur menorquín es llano, con pinares, huertos y costa baja, con algún que otro islote o simple escollo (Binicodrell, En Salat, sa Galera).

LAS SOLITARIAS PLAYAS DEL NORTE

Una carretera con distintos ramales, a veces en no muy buen estado, permite llegar hasta las bellísimas *platges del nord* (playas del norte) por el llamado **camí de Tramuntana,** señalizado. Dispóngase a hacer kilómetros si quiere conocerlas todas, ya que todas merecen una visita y un baño. En general son *playas* de arena gruesa, a veces de piedras pequeñas redondeadas por la acción del oleaje, anchas, con dunas orientadas en la dirección del viento del norte, con sabinares y juncales, pequeños torrentes y charcas visitadas por aves acuáticas y pobladas de tortugas. Son especialmente bellas *Tirant* (urbanizada en una de sus laderas), *Binimel.là, Cavalleria* y *Pregonda* (solo accesible a pie o en embarcación).

El paisaje es siempre espectacular, tanto en la misma costa, con las calas de arenas rojizas metidas entre altos acantilados (Cavalleria, por ejemplo), como en el mismo camino: montes ondulados cubiertos de pinar, encinar o acebuchar, siempre con una múltiple paleta de colores verdes procedentes de prados, zonas de pasto para el ganado vacuno. A lo largo del camino hay imponentes *llocs* o caseríos.

Tirant (a 7 km de es Mercadal) se encuentra en el levante del alejado promontorio del cap de Cavalleria. Las otras playas citadas, en el poniente. A todas, excepto a Pregonda, se accede por caminos señalizados, pero hay que prestar atención a las señales, a veces semiborradas, y al estado del firme, en ocasiones inexistente, siendo entonces un camino polvoriento con baches frecuentes. En todas estas playas suele ser difícil encontrar un lugar donde aparcar el vehículo, por eso es aconsejable acudir a primeras o a últimas horas (o ir en bicicleta) y, en su caso, dejar el coche en lugares habilitados al efecto.

Inmediatamente antes de Tirant, cuando se ha tomado ya el desvío hacia esta playa, la carretera sin asfaltar cruza una zona húmeda muy interesante en invierno: el llamado *Prat* o *Basses de Lluriac,* donde pueden verse incluso ocas y flamencos. La parte oriental de Tirant se encuentra urbanizada. La urbanización, muy cuidada, se llama **Platges de Fornells.**

› Fornells [pág. 84], a 9 km de es Mercadal, es un tópico turístico en Menorca: por su encantador paisaje marino, por sus salinas abandonadas –donde se observan interesantes rarezas ornitológicas migradoras y acuáticas–, por ser centro de actividades náutico-deportivas y de veraneo, por la esencia popular de sus callejones y, sobre todo, por la excelente caldereta de langosta de sus conocidísimos restaurantes. El pueblo se encuentra en la bahía del mismo nombre, flanqueada por **La Mola,** un desolado cabo rocoso, desnudo de vegetación. En los **islotes** de la bahía (**Ravells** y **Sargantana**) vive una lagartija endémica.

› Cap de Cavalleria [pág. 85], a 9 km, es una visita imprescindible para conocer el norte menorquín. Para llegar al cabo, cuyo punto extremo es el faro, se pasa por un paisaje rural definitivamente menorquín: montes ondulados con retazos de acebuches inclinados por el viento, pinares, prados y espléndidos *llocs* o caseríos. Cuídese de dejar cerradas las barreras a su paso.

El cabo es un promontorio desolado, cubierto por una vegetación de carrizo, manzanilla silvestre que perfuma el ambiente y *socarells*, pequeñas plantas espinosas endémicas. El paisaje desde el cabo es casi lunar; los acantilados alcanzan los 100 m. Es fácil ver aquí alimoches, cuervos y algún águila pescadora; también garzas reposando en las orillas de *Sanitja,* un minúsculo refugio para las típicas pequeñas embarcaciones menorquinas, *llaüts*. Sanitja es una caleta en la misma base del promontorio. Desde ella, el faro aparece remoto. También se contempla desde aquí el no menos desolado promontorio de **La Mola de Fornells** (hacia el este).

En las proximidades de Sanitja hubo un campamento romano (*Sanisera*), cuyos restos pueden verse hoy gracias a recientes excavaciones. Frente a Sanitja hay una **torre de defensa** del siglo XVIII.

ALREDEDORES DE FERRERIES

❯ **Ferreries [pág. 58],** a 8 km de es Mercadal, y sus alrededores completarán este recorrido. El pueblo es también un aglomerado de casas típicas encaladas, especialmente en su núcleo viejo, aunque ya se ha desarrollado en las afueras con edificios más modernos y funcionales. Algunas callejuelas tienen una fuerte pendiente, pues el pueblo, el más elevado de Menorca, está situado en la falda de una pequeña sierra cuya cima, el **puig de s'Enclusa,** alcanza los 275 m, lo que es mucho en esta isla. En las laderas aún se cultivan los reducidos huertos en terrazas, que imprimen mucho tipismo.

Desde Ferreries se puede acceder a las *calas de Els Alocs* (a 6 km aproximadamente), al norte, con desvío señalizado en el centro del llamado **es Pla Verd,** una llanura agrícola muy característica ya en la dirección hacia Ciutadella y que la carretera principal cruza. El camino está asfaltado en parte, y pasa por la espléndidamente reformada **finca de Binisues,** de vetustas pero remozadas paredes ocres, con antigüedades, muestras artesanales, ornitológicas, botánicas y geológicas en su interior, a modo de pequeña exposición menorquina. Poco después, junto al edificio abandonado de una escuela rural, y marcado con una flecha pintada en

un muro, se inicia el camino hacia el **castell de Santa Àgueda,** reminiscencia de las ocupaciones romana –un tramo de calzada– y musulmana –restos de muralla y torreones–. Ahí se debe dejar el coche y subir a pie unos quince minutos.

Al descender, podemos dirigirnos en vehículo hacia las *calas de Els Alocs,* solitarias: dos arcos de arenas gruesas entre rocas. Hacia poniente, desde Els Alocs, y sólo a pie desde aquí, se puede llegar a *cala Pilar,* playa mucho mejor que las anteriores.

❯ **Santa Galdana.** En su vertiente sur, Ferreries contiene uno de los tópicos del turismo menorquín, español y mediterráneo: **Santa Galdana,** urbanización de buen gusto, antigua ya, junto a la desembocadura del imponente **barranc d'Algendar,** reducto de especies animales y botánicas y de variados hábitats de gran interés ecológico. La *playa,* muy concurrida, reúne las mejores condiciones y los más variados servicios playeros que pueda exigir el turista más estándar. Desde dos miradores que la flanquean puede contemplarse en toda su belleza: **mirador de sa Punta** y **mirador des Riu,** que alude al torrente en su desembocadura, usada como pequeño muelle para embarcaciones de poco calado. Desde esta magnífica playa puede accederse a pie, en una marcha de media hora aproximadamente, a *cala Macarella,* una playa casi virgen, hacia poniente; y a *cala Mitjana,* hacia levante, otra playa virgen. El camino entre pinares y sobre los acantilados es muy gratificante. A cala Mitjana y a cala Macarella, en este caso desde Ciutadella, se puede llegar en vehículo, pero hay que pagar una cuota para pasar hasta ellas. Peatones y ciclistas entran gratis.

CIUTADELLA

> 29.315 HABITANTES

Capital de Menorca hasta la dominación británica, Ciutadella es una ciudad tranquila y acogedora que conserva aún el encanto de una villa mediterránea antigua. Serenidad que sólo se ve perturbada durante las famosas fiestas de Sant Joan, que se celebran en junio, una de las más características y curiosas de España. Sus numerosas iglesias y palacios, construidos fundamentalmente durante los siglos XVI y XVII, le otorgan un sello característico.

INFO
> **Ayuntamiento**
Plaza des Born, 15.
Telf. 971 381 050.
www.ciutadella.org
> **Oficina Municipal de Turismo de Ciutadella**
Plaça dels Pins, s/n.
Telf. 971 481 412.
> **Oficina de Información Turística del Consell Insular de Menorca**
Plaza de la Catedral, 5.
Telf. 902 929 015/ 971 382 667.
> **Oficina Municipal Port de Ciutadella**
Edifici Comandància.
Moll Nord, s/n. Telf. 902 929 015.

TRANSPORTES
> **Autobuses.** La compañía *TMSA (Transportes Menorca S.A.)* (Barcelona, 8; telf. 971 380 393; www.tmsa.es) tiene los siguientes servicios: Maó-Ciutadella por Alaior, es Mercadal y Ferreries (entre las 6.45 h a las 22.15 h); Ciutadella-Ferreries-Cala Galdana y directos a Cala Galdana; Ciutadella-es Migjorn-Cala Tomàs.
La compañía *Torres* (telf. 971 384 720; www.e-torres.net) tiene servicios a las playas y calas próximas

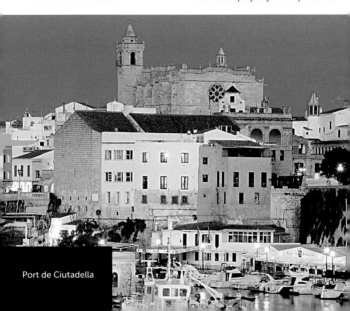

Port de Ciutadella

a la ciudad: sa Caleta, cala Bosch, cala Blanca, cala Blanes y cala Forcat.

> Barco

Balearia (www.balearia.com) ofrece servicios de ferry entre Ciutadella y Barcelona, con una travesía diaria en ambos sentidos que dura 4 horas. Los horarios de salidas son las 17 h desde Barcelona y las 9.45 h desde Ciutadella, aunque es conveniente consultar estos horarios porque pueden variar según la temporada. Esta misma compañía ofrece también la conexión entre Ciutadella y Port d'Alcúdia, en Mallorca, con una travesía diaria de 1 hora de duración. En este caso la salida desde Ciutadella es a las 21,45 h y desde Port d'Alcúdia a las 8 h.

Iscomar Ferrys (telf. 971 229 124/ 484 216; www. iscomar.com) tiene dos servicios diarios con Port d'Alcúdia. La duración de la travesía es de dos horas y media. También lleva vehículos. Salidas de Ciutadella: 11.30 h y 20 h; salidas de Port d'Alcúdia: 8 h y 17 h.

> Taxis

Parada en plaça s'Esplanada. Telf. 971 381 197. *Radio Taxi.* Telf. 971 382 896.

> Alquiler de automóviles

Betacar-Europcar. Conquistador, 59. Telf. 971 382 998. Tiene oficinas en cala Blanca, cala Blanes, cala Bosch, Cap d'Artutx y Son Xoriguer. *Autos Llonga.* Camí de Maó, 179. Telf. 971 382 675. *Autos Ciutadella.* Negrete, 49 bis. Telf. 971 480 024. *Autos Minurka, S.L.* Jerónimo Alzina, 41. Telf. 971 387 335.

En muchos caminos a las playas y calas más salvajes, los propietarios de las fincas que se atraviesan cobran un peaje por vehículo (a pie es gratis). Esto tiene algunas ventajas: accesos más cuidados, más limpieza y retirada de basuras, en algunos casos aparcamiento vigilado e, indudablemente, playas menos llenas; todo por un módico precio.

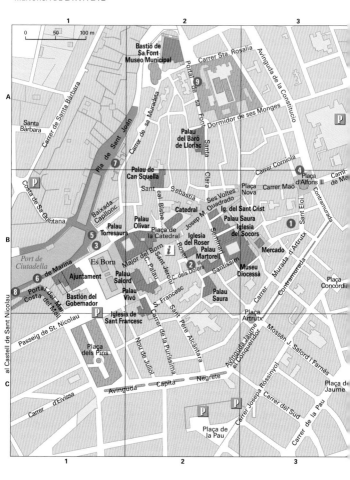

VISITA ■

Es obligado visitar el casco histórico de Ciutadella sin prisas para saborear su aristocrática y elegante arquitectura, detenerse en la catedral y recorrer los numerosos lugares de interés con que cuenta esta hospitalaria villa menorquina.

CIUTADELLA ESENCIAL

Recorreremos el casco histórico, de origen medieval, a pie. La ciudad vieja está rodeada por la **avinguda Contramurada,** construida sobre los cimientos de la antigua muralla –probablemente de origen romano y árabe–, demolida en el siglo XIX para dar paso al ensanche de la ciudad. Iniciaremos el itinerario en la plaça d'Alfons III, donde termina la carretera de Maó a Ciutadella. Conocida popularmente como **plaça de ses Palmeres,** destaca en ella un antiguo **molino** de harina, convertido hoy en un agradable café. Desde la plaza penetraremos en el casco por el **carrer Maó,** vía

› Ciutat Vella (La Ciudad Vieja)

Es un dédalo de calles laberínticas rodeado por un cinturón de avenidas (sa Contramurada) que siguen el antiguo trazado de las antiguas murallas. Aquí se concentra la práctica totalidad de la Ciutadella monumental y gran parte de la vida comercial de la ciudad. En dos extremos opuestos de este círculo se hallan la plaça des Born –con el Ayuntamiento y sobre el puerto– y la plaça d'Alfons III (más conocida como ses Palmeres), entrada lógica a la Ciudad Vieja llegando de Maó. Entre ambas plazas hay un interesante itinerario peatonal (Carrer Major del Born-plaça de la Catedral-carrer Josep Maria Quadrado-ses Voltes-Plaça Nova-carrer Maó) que discurre entre interesantes monumentos y se constituye en uno de los principales ejes comerciales de Ciutadella.

› El Port (El Puerto)

El puerto de Ciutadella tiene 1 km de profundidad y es estrecho. Sus orillas –conocidas como Baixamar– están ocupadas por una infinidad de bares y restaurantes que en verano sacan sus mesas a los muelles. Junto a su tramo final (sa Colàrsega) se extiende una explanada conocida como el Pla de Sant Joan, donde se celebran juegos ecuestres durante las fiestas de Sant Joan.

peatonal y comercial; en esta calle llama la atención la fachada de la **iglesia del Carmen.** En la **Plaça Nova,** con algunas viviendas porticadas edificadas en el siglo xv, nos podremos detener a tomar algún refresco o helado para dirigirnos, a continuación, al carrer Josep Maria Quadrado, más conocido como **ses Voltes,** sin lugar a dudas la calle más popular, comercial y concurrida de Ciutadella. La calle, estrecha y porticada con arcos irregulares, es un punto de parada obligada para realizar compras de artesanía y pro-

ductos propios de Menorca. Desde ses Voltes se alcanza el **carrer del Seminari** (oficialmente del Bisbe Vila), donde podemos visitar la iglesia del Sant Crist, construida en el año 1667; alberga en su interior una talla del *Crist dels Paraires,* patrono del antiguo gremio de los cardadores de lana. Próximos están el **palau Saura** (palacio Saura, actualmente habilitado como sala de exposiciones itinerantes) y la **iglesia** y **claustro del Socors,** edificio de estilo renacentista que alberga el auditorio de la Capilla

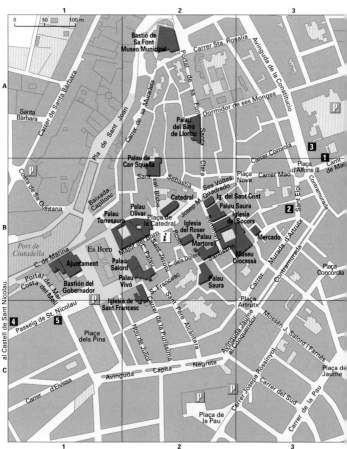

› El Port (El Puerto)

El Puerto de Ciutadella es la zona de marcha nocturna por excelencia. En él es posible encontrar distintos ambientes: más relajado en las terrazas del muelle o de la plaça des Born, y más animado en el Pla de Sant Joan, donde abren sus puertas numerosos locales para tomar una copa.

Davídica, el Seminario y el **Museo Diocesano** (abierto de martes a sábado de 10.30 h a 13.30 h). En un extremo de esta calle destaca el **palau de Martorell,** de fines del siglo XVII con una logia de estilo italiano y pequeños balcones barrocos.

Frente a esta calle discurre la **calle de Santa Clara,** al final de la cual se encuentra el **bastió de sa Font** o portal de sa Font, que es –junto con el del puerto– uno de los últimos vestigios de la muralla que protegió la ciudad. Antes de llegar al bastión podemos contemplar el **palau de Lluriac,** sobrio edificio del siglo XVII.

Por el **carrer del Roser** accedemos a la **iglesia** del mismo nombre, interesante por su fachada churrigueresca; como dato anecdótico señalar que esta iglesia fue un templo anglicano durante la dominación británica. Actualmente está cerrada al culto y se utiliza como sala de conciertos y exposiciones. El extremo de esta calle conduce a la **porta de la Llum** (puerta de la luz) desde la cual accederemos a la plaza donde destaca la **catedral,** impresionante y sobrio edificio que fue arrasado e incendiado durante un ataque de los turcos en el siglo XVI. Dedicado a Santa María, este templo se levantó sobre los cimientos de una antigua mezquita musulmana. A su nave única, con bóveda ojival, se abren doce capillas, terminando con un ábside pentagonal. En el siglo XVIII se le añadió la **capella de ses Ànimes,** de estilo barroco. Entre 1813 y 1890 se construyó la **capella del Santíssim,** de estilo neoclásico corintio que ocultaba la primitiva puerta a la que se le añadió un retablo de estilo gótico. La catedral posee dos campanas muy populares –*na Gravana y na Bou*–, albergadas en el campanario levantado sobre el antiguo minarete.

Desde aquí –por el **carrer Major**– alcanzaremos la plaça des Born, no sin antes contemplar algunos de los edificios más sobresalientes de la ciudad, como los **palacios** pertenecientes a las familias **Torre Saura, Salord** y **Vivó;** la importancia de estas familias queda bien patente en los interiores de estas mansiones, construidas en su mayoría a partir del siglo XVII, y decoradas con tapices, muebles y cuadros de notable valor artístico.

En la **plaça des Born** un obelisco –colocado en el año 1857– conmemora la entrada de los turcos en la

MERCADILLOS
Viernes y sábado, en la plaça des Born.

ARTÍCULOS DE CUERO
La industria del calzado se remonta a mediados del siglo XIX, cuando un empresario que había viajado a Cuba regresó a Ciutadella introduciendo las técnicas de la manufactura de la piel curtida. Rápidamente esta actividad se extendió por toda la isla, y gracias a la destreza de los artesanos menorquines se convirtió en uno de los pilares de la economía insular.

Capítulo aparte merecen las *avarques* (albarcas), unas típicas sandalias de los payeses que se han popularizado y se confeccionan artesanalmente; son idóneas para el verano y para ir a la playa. En Ciutadella pueden comprarse en las tiendas de productos típicos menorquines ubicadas en las calles Major y ses Voltes (**Illa Menorca, Davall sa Volta** y **Tr3s**). Calçats Torres (plaça dels Pins, 4 y Camí de Maó, 37) tiene fabricación propia de calzados de calidad. **Bartomeu Genestar** (Comte Cifuentes, 38) y **Fco. Javier Nagore** (Tres Alqueries, 53) son dos de los artesanos zapateros que en Ciutadella venden sus productos certificados bajo la marca de garantía Artesanía de Menorca.

Iñaki Sampedro (Seminari, 36) realiza diseños originales en bolsos y complementos de piel. También ofrece joyas y bisutería. En el **Taller de Carola J. Schick** (Marius Verdaguer, 13) realizan artesanalmente y venden zapatos y artículos de cuero de gran calidad y diseños de vanguardia. www.artesaniademenorca.com

ciudad en 1558. A esta antigua plaza de armas se asoma el edificio del **Ayuntamiento,** residencia de gobernadores y Real Alcázar; en él podemos visitar la **Sala de Sessions,** de estilo gótico-tardío, en la cual cada 9 de julio se lee el *Acta de Constantinoble,* antiguo documento que recoge el testimonio y la versión de algunos nobles preclaros que vivieron y sufrieron el sitio y conquista de Ciutadella por los turcos. Tras siete días de asedio los otomanos consiguieron mermar la resistencia de sus habitantes; en los siguientes tres días los asesinatos, pillajes y violaciones fueron los protagonistas absolutos de la ciudad; cientos de sus habitantes fueron hechos prisioneros y conducidos a Constantinopla donde, en uno de sus calabozos, el notario Pere Quintana –por orden del entonces gobernador de Ciutadella– escribió los relatos orales de los supervivientes. Las desgracias no terminaron aquí; unos años más tarde, en 1564, fueron rescatados por un fraile de Alaior, mas durante la travesía resultaron atacados por unos piratas argelinos que los condujeron de nuevo, por unos años más, al destierro y cautiverio. El documento histórico está fechado el 7 de octubre de 1558, aunque no se conoció su existencia hasta 1620. En el mismo Ayuntamiento, desde una terraza, obtendremos una hermosa vista sobre el puerto o Baixamar.

GASTRONOMÍA

El queso Mahón-Menorca, con Denominación de Origen, es una de las joyas gastronómicas de Menorca. También puede llevarse uno a casa el fruto de las porquetjades (matanzas). **Embutidos Artesanos Román** (Bijuters, 10; telf. 971 482 241) es una pequeña empresa familiar de larga tradición que vende productos tan característicos como el *botifarró blanc, el botifarró negre, carn-i-xulla* y sobrasada de Menorca. El *gin,* embotellado en hermosos envases, es una ginebra de herencia británica que forma parte de la historia de la isla. Son una delicia las mermeladas artesanas así como la miel que elaboran las abejas a partir del polen de las numerosas flores naturales que cubren los campos de Menorca. Es obligado mencionar unos postres tan tradicionales como las ensaimadas, *crespells, flaons* o *robiols*. El Consell Insular de Menorca ha creado el distintivo "Producto de Menorca", avalado por la Conselleria d'Agricultura, Comerç i Industria del Govern Balear, garantía de autenticidad y calidad. Recomendamos comprar estos productos en los puestos del recoleto **Mercado de Abastos.**

ARTESANÍA

Ciutadella posee una gran variedad de pequeños y medianos comercios que se amplían en la temporada estival. Al alcance del turista se ofrece un buen abanico de objetos elaborados siguiendo una tradición muy arraigada y artesanal, que abarcan desde los trabajos en bisutería, la ropa ecológica, la pintura, el grabado y la escultura.

El **Museo Arqueológico,** junto al Ayuntamiento, alberga una interesante colección de arqueología árabe y medieval.

En la misma plaça des Born se encuentra el **Teatre Municipal des Born** —construido en el siglo XIX en estilo neoclásico— y, justo a su lado, la sede del **Cercle Artístic,** entidad que convoca un prestigioso premio nacional de teatro. No podemos abandonar el casco antiguo sin visitar la **iglesia de Sant Francesc,** antiguo convento franciscano entre los años 1294 y 1835; inicialmente de estilo gótico, se ha visto ligeramente alterado por las restauraciones llevadas a cabo durante los siglos XVI y XVII. En la **plaça de s'Esplanada** o des Pins —junto a es Born—, se celebran todo tipo de acontecimientos culturales y cívicos: ferias del libro, recitales de poesía, mítines políticos, conciertos de música y relajadas partidas de petanca.

El **castell de Sant Nicolau** —situado en el extremo del camí de Sant Nicolau, avenida que separa la plaça de s'Esplanada y es Born— conserva una torre de defensa construida en el siglo XVII; tiene planta octogonal y un foso ajardinado; en otros tiempos defensora de la ciudad, actualmente, y de manera esporádica, sirve como sala de exposiciones sobre las diferentes fortificaciones de la isla (abierto todo el año; de martes a sábado de 11 h a 13 h y de 18 h

El tapeo

Sin lugar a dudas, uno de los mejores lugares de tapas en Ciutadella es el **Café Balear** (passeig de Sant Joan, 15), en el puerto, un agradable local con terraza que es además restaurante y bar de copas. Luego podemos dirigirnos a otros, como el Tritón (Marina, 55), bar-cafetería del muelle con mucha solera que ofrece deliciosas tapas, entre ellas unas exquisitas albóndigas de calamar. También en el puerto se halla la modesta **Casa del Mar,** instalada en los locales del Instituto Social de la Marina; ofrece tapas caseras a precios muy económicos.

En la plaça des Born podemos tapear en el **Círculo Artístico,** junto al teatro. Es un tradicional café con vistas al puerto, aunque una remodelación hecha hace unos años le ha quitado parte de su carácter. También en es Born está **Ca'n Nito** (número 11), donde lo difícil es elegir entre un gran surtido de tapas locales; recomendamos vivamente las berenjenas al horno y los originales champiñones rellenos de *sobrassada*.

La **Cafetería Paradís** está en la calle Seminari, 34. Entre sus tapas destacan aquellas que tienen como ingrediente principal el bacalao. En **Sa Calma,** cuya terraza está flanqueada, a un lado por la catedral y al otro por la iglesia de Roser, sirven bocadillos, ensaladas, tapas... entre un ambiente desenfadado.

a 20; entrada gratuita). Frente al castillo se levanta el **monumento al almirante David Ferragut,** descendiente de menorquines y uno de los héroes de la armada norteamericana en la guerra civil de Estados Unidos.

El **port de Ciutadella** es un puerto natural de reducidas dimensiones y con una estrecha boca de entrada que facilitaba su defensa en toda época. Amén de su actividad comercial y deportiva, en él atracan diariamente los buques que prestan servicio diario a los puertos mallorquines de Port d'Alcúdia y Cala Ratjada. El **bastió de sa Font**

(abierto de martes a sábado de 10 h a 14 h), que ostenta el escudo de la ciudad en un blasón de piedra, se encuentra en la zona alta del puerto, sobre el llamado **Pla de Sant Joan,** lugar de gran animación nocturna en verano y donde acontecen algunos de los actos esenciales de las fiestas de Sant Joan.

En el puerto de Ciutadella se puede contemplar en verano un curioso fenómeno: una marea vinculada a fenómenos atmosféricos y a las características físicas del puerto, que eleva o hace descender el nivel de las aguas, a cotas muy alejadas de lo normal, teniendo en cuenta

De arriba abajo, varias escenas de la vida cotidiana de Ciutadella, y patio de la catedral de la ciudad en la imagen inferior

Fiestas populares

Las **fiestas de Sant Joan** (23 y 24 de junio) son unas de las más características de las que se celebran en España. Tienen su preludio el domingo anterior, conocido como *Es dia des Bé,* cuando un hombre vestido con piel de cordero (bé) y descalzo, recorre las calles –acompañado por una comitiva– portando a sus espaldas un cordero vivo totalmente engalanado. La cabalgata o *qualcada* está formada por un centenar de jinetes, aunque el plato fuerte de la fiesta lo representan los *jaleos* y *caragols,* donde los jinetes demuestran sus habilidades. Una imagen muy típica es la de los negros caballos levantando sus patas delanteras en medio de una multitud enfervorecida y, por qué no decirlo, a veces ebria de *pomada* (limonada).

Otra oportunidad en la que los jinetes evidencian su destreza es en los espectaculares **juegos medievales** que se celebran en el Pla de Sant Joan. Es muy hermoso contemplar cómo cabalgan abrazados a galope tendido o ensartan anillas con lanzas.

Cafés

Un buen lugar para tomar relajadamente un café es el **Círculo Artístico** (plaça des Born, 14), café tradicional, junto al teatro, que tras su remodelación algunos prefieren más para el vermut que para el café y la copa. Multifacético es el **Café Balear** (passeig de Sant Joan, 15), que lo mismo ofrece una copa, que una buena comida o un humeante café. Tiene un agradable salón y terraza en el puerto. El **Café es Molí** está ubicado en un viejo molino restaurado de la plaça de ses Palmeres, junto al inicio del camí de Maó; cálida ambientación. El **Cafè Central** (Ca's Bisbe, 1) tiene una terraza prácticamente pegada a una de las entradas de la catedral de Menorca; sirven tapas menorquinas (berenjenas rellenas, tumbet, pisto de la payesa, albóndigas, rebanadas de pan payés…). Menorca tiene una merecida fama en la elaboración de helados artesanales. También alguna de sus marcas industriales se distribuyen por España y algunos paises de Europa. Nada mejor después de una buena cena, en una noche de verano, que hacerse con una silla en una terraza y degustar lentamente un helado que nada tiene que envidiar a los italianos. Por ejemplo en **Sa Gelateria de Menorca** (plaça de la Catedral, 3 y Costa des Port, 69).

Calle de San Cristóbal
en Ciutadella

que en el Mediterráneo apenas se perciben las mareas; se produce en breves periodos de tiempo y es capaz de hacer subir o bajar el agua hasta dos metros más allá de su nivel habitual; estas mareas reciben el nombre de *rissagues* y aparecen sin previo aviso, de forma inesperada.

YACIMIENTOS ARQUEOLÓGICOS

A pocos kilómetros de Ciutadella, situada muy próxima a la carretera general que conduce de Ciutadella a Maó, la **naveta des Tudons** es, sin duda alguna, uno de los monumentos más emblemáticos de la cultura talayótica balear. Enterramiento colectivo de la Edad del Bronce, su forma de nave invertida ha dado lugar a su denominación. Su planta, en forma de herradura, consta de una entrada estrecha y baja, a través de la cual se accede a la antecámara –a ras de suelo– y a la cámara sepulcral (a veces las navetas constan de dos cámaras sobrepuestas). Su última restauración fue efectuada en 1975. A 2

km de Ciutadella, dirección Maó, hay un par de yacimientos interesantes. Algunos expertos consideran que la **taula** de **Torrellafuda** no es en realidad una taula, sino un menhir coronado por una laja; sus murallas fueron muy modificadas por los romanos, que establecieron en el lugar un importante puesto militar. La **taula** de **Torretrencada** tiene como curiosidad principal el hecho de que la piedra que la soporta es más ancha en su parte inferior, rasgo que la diferencia de las otras taulas del resto de la isla.

PLAYAS Y CALAS AL SUR DE CIUTADELLA

Para llegar a cala Turqueta se toma la carretera que conduce al oratorio de **Sant Joan de Missa,** a unos 6 km de la ciudad. En este pequeño templo rural, construido en el siglo XIV, es donde comienzan las fiestas de Sant Joan. La vigilia del día del santo patrón de Ciutadella, tiene lugar en este oratorio una ceremonia religiosa denominada *ses Completes*. Frente a este oratorio,

De arriba abajo, cala Morell, naveta des Tudons y cala Turqueta, todos ellos lugares con encanto próximos a Ciutadella

el camino se bifurca, llevando cada ramal a las bellísimas y salvajes *calas Turqueta* y *Macarella.* En esta última existen unas cuevas prehistóricas. Su peculiar paisaje marítimo y terrestre las convierten en un punto obligado de visita.

Son Catlar es el mayor poblado tala-yótico de Baleares, formado por un ciclópeo recinto amurallado de 864 m de perímetro; su interior alberga varios *talaiots* y una taula incompleta y caída. Son Catllar está situado en el camino hacia la *playa de Son Saura.* Recomendamos vivamente la puesta de sol desde el **faro** del *cap d'Artrutx:* un globo de fuego recorta la silueta abrupta de las montañas del norte de Mallorca.

LA COSTA SEPTENTRIONAL

Se accede a **punta Nati** por un estrecho camino asfaltado que parte de la avinguda Francesc de Borja Moll, de Ciutadella. En ella se levanta un soberbio **faro** con impresionante vista sobre los acantilados marinos y una árida meseta de piedra erosionada. Hasta llegar a punta Nati se observan algunas construcciones en piedra, de planta circular o cuadrada, muy semejantes a monumentos megalíticos y utilizadas como refugios para el ganado. Para acceder a *cala Morell* debemos tomar la carretera de La Vall; en esta cala, en su orilla izquierda, se hallan unas cuevas prehistóricas que sirvieron como lugar de enterramiento.

Cala La Vall o *Algaiarens* es una ensenada formada por dos playas, en las cuales los pinos llegan hasta el borde del mar. Desde Algaiarens, hacia el este, la costa se convierte en un espectacular acantilado, difícil de bordear, y que se prolonga hasta el promontorio del **cap de Cavalleria.** Recomendamos ver también la ruta por **El oeste de Menorca [pág. 88].**

DORMIR
EN CIUTADELLA

No hay grandes hoteles en Ciutadella, pero se ubican en las calas próximas, como el **Hotel Pueblo Menorquín****** (Rosa dels Vents, s/n; playa Son Xoriguer; telf. 971 387 080; www. pueblomenorquin. com; apartamento/día: 60-250 €), aunque la mayoría tienen el inconveniente de que sólo abren en temporada estival. Recomendamos reservarlos en agencia de viajes formando parte de un paquete turístico; los precios son sensiblemente más bajos. En la ciudad seleccionamos:

HOTEL ALFONSO III**

(A-B3) **1**

Camí de Maó, 53.
Telf. 971 380 150.
www.hotelalfons.com
Habitación doble: 55-90 €.

Dispone de 52 habitaciones con baño privado, todas con una pequeña terraza que da a un patio interior. Cafetería, lavandería y aparcamiento. Cerrado del 20/12 al 20/1.

HOSTAL CIUTADELLA**

(B3) **2**

Sant Eloi, 10.
Telf. 971 383 462.
Habitación doble: 45-105 €.
Hostal muy recomendable, próximo a la plaça de ses Palmeres (Alfons III), con 17 habitaciones con baño. Establecimiento familiar y muy agradable, que dispone de un restaurante anexo con menú del día bastante asequible. Abierto todo el año.

La noche

La zona de marcha nocturna en Ciutadella se ubica en el puerto. La noche suele iniciarse con una copa tranquila en alguna de las terrazas del muelle o de la plaça des Born. Es en el mismo puerto donde está **Sa Clau,** sin duda el mejor club de jazz de la isla, y con unos cócteles que también están a la altura.

Luego el ambiente va animándose en el Pla de Sant Joan, una explanada lindante con el puerto, donde se hallan la discoteca **La Vela Club** y varios bares de copas, como **L'Herba,** el **Estels,** el **Costa Este,** el **Ones** o el **Jazzbah,** que ofrece música en directo. Son todos ellos locales muy similares, pues están habilitados en antiguos almacenes portuarios, y su acertada concentración en esta zona hace que, durante los meses veraniegos, se cree un animado ambiente en el exterior, bajo las estrellas.

Locales y foráneos conforman en el lugar un paisaje de lo más variopinto. A la hora de pedir un chupito o un combinado no hay que olvidar el *gin,* excelente ginebra local de herencia británica. Puede consumirse a palo seco, mezclada con sifón (*pallofa*) o, mejor aún, con limonada (*pomada*). En la discoteca **Esfera,** en el puerto, su especialidad es el Gin Xoriguer con granizado de limón. Conviene también citar el **Pub Salsa** (Moll de Ponent, 29), el **Asere** (puerto de Ciutadella), donde impera la música de salsa y el baile, y el **Martin's Costa** (Baixamar, 20) en el puerto, referente de la movida gay en Menorca.

Si se decide ir a disfrutar de la noche en algunas de las calas de los alrededores de Ciutadella, quizás la más apropiada es Cala en Bosch, aunque prácticamente en todas hay algún tipo de local para noctámbulos. Alrededor del animado lago de Cala en Bosch, una antigua laguna litoral transformada en puerto deportivo, hay una enorme oferta de ocio y restauración, con pizzerías, restaurantes de lo más diverso, asadores, bares de tapas, pubs de estilo inglés, terrazas de inspiración brasileña o hawaiana, discotecas...

Para tomar una copa se puede ir al acogedor pub **The Britannia,** decorado a la inglesa, que en su terraza exterior organiza fiestas temáticas y música en vivo.

HOSTAL MENURKA** (A3) **3**
Domingo Savio, 6.
Telf. 971 381 415.
www.menurka.com
Habitación doble: 40-80 €.
Agradable y céntrico hostal con 21 habitaciones con baño, televisión y teléfono. Abierto todo el año.

HOSTAL SA PRENSA* (f.p.)
Madrid, 70. Telf. 971 382 698.
Habitación doble: 40-85 €.
Pequeño y céntrico alojamiento familiar con tan solo 8 habitaciones con baño privado. Bar-cafetería. Abre sólo de mayo a noviembre.

HOSTAL PARÍS* (f.p.)
Santandria, 4. Telf. 971 381 622.
www.hostalparis.net
Habitación doble: 30-80 €.
Una opción modesta pero correcta y confortable, a escasos 100 m de la playa y muy cerca del núcleo histórico de Ciutadella. Las habitaciones del primer piso tienen terraza.

❭ OTROS HOTELES DE PRECIO MÁS ELEVADO

El **Club Hotel Almirante Farragut***** (f.p.; Cala Forcat; telf. 971 388 000; www.hotelesglobales. com; habitación doble: 82-207 €) es un alojamiento de alto nivel, junto al mar. También agradable, confortable y situado en una bella cala, se halla el **Cala Blanca***** (urb. Cala Blanca; telf. 971 380 450; www.hihotels.net; habitación doble: 90-185 €).
En la ciudad es recomendable el **Hotel Esmeralda***** (C1 **4**; passeig de Sant Nicolau, 171; telf. 971 380 250; habitación doble: 82-125 €), tranquilo y céntrico.
El **Hotel Hesperia Patricia***** (C1 **5**; passeig de Sant Nicolau, 90; telf. 971 385 511; www.hesperia. com; habitación doble: 59-219 €) está ubicado muy cerca del puerto. 44 habitaciones. Ambiente agradable y elegante. Piscina.

❭ TURISMO RURAL

SANT IGNASI
A 2 km. Ctra. a Cala Morell, s/n.
Telf. 971 385 575.
www.santignasi.com
Habitación doble: 145-285 €.
Pequeño hotel rural situado en una finca. 20 lujosas habitaciones decoradas con gusto.

COMER
EN CIUTADELLA

Aunque hay muy buenos restaurantes en el casco urbano, en una visita breve a Ciutadella lo suyo es comer en alguno de los restaurantes del puerto, contemplando el ir y venir de los *llaüts* (barcas locales) y el bamboleo de los mástiles de los veleros.

❭ CASAS CON MENÚ (MENOS 15 €)

CIUTADELLA (B3) **❶**
Sant Eloi, 10, próximo a la plaça de ses Palmeres (Alfons III).
Telf. 971 383 462.
Restaurante de comidas caseras anexo al hostal homónimo. El menú diario que incluye con frecuencia algún plato de la cocina balear: sopas mallorquinas, *frit*, *oli i aigo*, etc.

LA GUITARRA (B2) **❷**
Carrer dels Dolors, 1-baixos.
Telf. 971 381 355. www.laguitarra.org
Cocina balear. *Arròs brut*, lomo con col, rape con almendras, *oli i aigo*, caldereta y sopas mallorquinas. Es posible solicitar una "picada" con degustación de varios platos. Cierra los domingos y en febrero.

CA'N NITO (B1) ❸
Plaça des Born, 11. Telf. 971 480 768.
www.cannitodesborn.com
Clásico donde degustar pescados frescos y buenas carnes de la isla. También recetas de avestruz.

CA'S QUINTO (B3) ❹
Plaça d'Alfons III, 4. Telf. 971 381 002.
Baix, 8. Telf. 971 382 773.
En sus dos locales, ofrece un buen menú que atrae a los locales con ganas de reunirse a *menjar* y gastar poco. Fritadas de pescado, pescado al horno y platos menorquines.

> **RESTAURANTES
(SOBRE 30 €)**

Corb Marí (B1 ❺; Marina, 41; telf. 971 384 293) está situado en el puerto, ofrece excelentes cazuelas de rape o de marisco, y una celebrada caldereta de langosta, siempre con productos frescos.
Sa Figuera (B1 ❻; Marina, 99; telf. 971 382 112) está considerado uno de los mejores restaurantes de la zona del puerto y, desde luego, los productos del mar son los protagonistas casi absolutos de su carta.
El Cafè Balear (A1 ❼; Pla de Sant Joan, 15; puerto; www.cafe-balear. com; telf. 971 380 005), amén de sus variadas tapas, por las que se hizo muy popular, sorprende por su carta de pescados y mariscos capturados con embarcación de pesca propia. Fuera de Fornells, es uno de

los lugares recomendados para gozar de la caldereta de langosta. Recientemente han abierto un establecimiento en la zona de Cala en Bosc.
En la margen izquierda del puerto se halla **Casa Manolo** (B1 ❽; Marina, 117-121; www.rtecasamalono.com; telf. 971 380 003), un popular restaurante especializado en arroces y platos de pescado. Tiene fama su paella de mariscos y su caldereta de langosta.
Cas Ferrer (A2 ❾; Portal de sa Font, 16; www.casferrer.com; telf. 971 480 784) ocupa una casa de 1756, en pleno casco histórico, y ofrece cocina de marcado carácter menorquín pero con aportaciones creativas.
Uno de los pocos restaurantes de la zona turística que no cierra en temporada baja es **El Pescador** (f.p.; Cala en Bosch; portitxol de Cala en Bosch, 3-5; telf. 971 387 864). Pescado fresco, arroces, carnes asadas y pizzas para presupuestos ajustados. Situado a 800 m del casco urbano de Ciutadella, en la ctra. de Cala en Blanes, se encuentra **ses Truqueries** (telf. 971 188 384). Ocupa una casa de campo señorial que data de 1635, habiendo sido restaurada en su total pureza arquitectónica en 1977. La cocina se basa en el buen hacer francés, vasco y menorquín, tanto en carnes como en pescados. Destacamos los platos de cordero, de la propia finca. La repostería se elabora en la propia casa.

EL ESTE DE MENORCA

Menorca es una isla, como lo es Mallorca y como lo son las Pitiusas. En cualquier lugar elegido al azar de su perímetro hay rincones donde puede uno bañarse. Pero no a todos se puede llegar con facilidad. De hecho, a ciertas zonas costeras sólo se puede acceder en barca, y a otras sólo a pie. No es infrecuente, además, encontrar obstáculos físicos para el baño: un acantilado insalvable, una marisma, un muro artificial que marca una inviolable propiedad privada. En una guía no se pueden incluir todas las playas, todas las calas. El lector, una vez en la isla, puede también buscar su propia cala, su playa, su recuerdo. Las playas del este de Menorca pueden sin duda formar parte de este recuerdo particular.

HACIA SANT CLIMENT

Si antes se llegaba a Menorca en barco por el Port de Maó –o tal vez, en menor medida, por el de Ciutadella–, hoy el modo y lugar de acceso más comunes a la isla son el avión y el aeropuerto, situado este entre Sant Climent y Maó. Por eso empezamos este itinerario por la isla yendo desde el **aeropuerto** hacia el pequeño pueblo de Sant Climent, situado a unos escasos 4 kilómetros de la capital.

La carretera, hacia el suroeste, está perfectamente señalizada, aunque uno no debe extrañarse si en Menorca hace más kilómetros de los previstos. Cada visita a un monumento arqueológico, por cierto muy abundantes, a una cala, a una playa, a un faro o a un *lloc* (caserío), implica tomar desvíos, recorrer caminos rústicos, transitar por carreteras a veces en no muy buen estado y con información elemental en ocasiones confusa. Cabe tomárselo todo con mucha calma: está uno en Menorca. Primer ejemplo: antes de llegar a Sant Climent, a unos 2 km del aeropuerto, salida por la rotonda, ya encontramos una desviación señalizada a la derecha hacia dos importantes **yacimientos arqueológicos** que deben ser visitados: Torellonet Vell y es Fornàs de Torelló.

) El *talaiot* de **Torellonet Vell** está relativamente bien conservado. Recuerda vagamente las construcciones megalíticas de Cerdeña, aunque estas son siempre mucho mayores. Se trata de una gran torre de base casi circular, completamente construida con piedras de gran tamaño. Por azar, desde la aparente ventana que corona el monumento, como una gran saetera en una almena, se divisa el aeropuerto: prehistoria y modernidad se enlazan así en nuestra mirada. El origen de este *talaiot* se remonta posiblemente a la Edad del Bronce y se dice que fue usado hasta el final de la dominación romana de la isla. En el entorno del monumento se ven también restos de antiguas construcciones y un rudimentario sistema de recogida del agua de lluvia. Se accede al recinto por una escalera en las piedras del murete que lo encierra.

Por el mismo camino, siempre sinuoso y estrecho, se llega a la **basílica paleocristiana de es Fornàs de Torelló,** que data de los siglos v-vi d.C. Una construcción de rejas metálicas y tejado cubre y protege el lugar de las inclemencias del tiempo y de vandalismo.

Lo más destacable es el suelo de **mosaico,** con excelentes figuras de simbología cristiana. Así, en la zona absidal, dos pavos reales, unas ocas y una crátera simbolizan tal vez la Vida y la Abundancia; mientras que en el sector central, dos leones y una palmera simbolizan la Muerte. En el espacio destinado a los fieles, los dibujos son geométricos, de líneas y figuras regulares. Hay restos de una pila bautismal y de la base de un altar.

) Sant Climent es un pueblo pequeño, blanco, de calles recti-

de Bernardo Pons, en el carrer de Sant Llorenç), un antiguo casino convertido en restaurante y, por fin, **The Coach & Horses,** un pub típicamente inglés.

ALREDEDORES DE SANT CLIMENT

Desde Sant Climent puede optarse por ir en dos sentidos: hacia las urbanizaciones costeras de es Canutells, Binidalí, Biniparratx, Binisafúller, Binibeca, Alcaufar y

líneas y limpias, de casas de una sola planta con típicas persianas y puertas verdes. En el campanario de la modesta **iglesia parroquial** hay un par de campanas a la vista, de diferente tamaño. La fachada es blanca también, con partes ocres. En el pueblo hay hornos y pastelerías donde comprar productos de la repostería local. Un antiguo comercio, Can Villalonga o Ca's Tix, se ha convertido en supermercado. Hay una fábrica de quesos con venta al por menor (Quesos San Clemente

Punta Prima, hacia el este, con sus pequeñas y acogedoras calas y playas; o hacia Cala en Porter y Cales Coves, con importantes yacimientos arqueológicos, en el oeste.
El laberinto de carreteras secundarias y accesos a las zonas mencionadas es evidente. Lo que decíamos: hay que tomarlo con calma. Desde Sant Climent a cada uno de estos lugares hay apenas una decena de kilómetros, que se multiplican al querer ir de un lugar a otro. Vayamos al este en primer lugar.

❱ En **Biniparratx** se encuentran las instalaciones de un campamento juvenil de verano y refugio. Aquí, la playa, muy pequeña y arrinconada, es la desembocadura de un breve torrente o *barranc,* entre paredes de roca caliza y acebuchares bien conservados, aunque como siempre azotados por el viento. **Binibeca** es una urbanización de aires mediterráneos, y su playa entre roquedos bajos es preciosa.

torre de Son Ganxo, y desde el puertecito las golondrinas navegan hasta la desolada *illa de l'Aire,* con su faro solitario y su vegetación rala, sometida al viento marino cargado de sal. Desde el final de la **playa de Punta Prima** hacia poniente –los ingleses llamaron a Punta Prima "Sandy Bay", bahía arenosa– puede hacerse a pie un tramo del antiguo **camí de Cavalls** que rodeaba la isla entera por la costa. Tras unos 3 km llega

El camí de Cavalls permite recorrer toda la isla bordeando la costa

❱ En **Binisafúller,** junto a la carretera, se encuentra una de las pocas *taules* completas de la isla, junto a un *talaiot* y junto al notable *lloc* o caserío payés del mismo nombre. La minúscula *cala Rafalet* es una de las más estrechas y salvajes de la isla (acceso sólo a pie desde la moderna urbanización de s'Algar): el mar penetra en un recodo abrupto, erizado de rocas.

❱ En **Punta Prima** hay otro refugio juvenil en la vieja y restaurada

hasta la urbanización y costa de **s'Algar** y se pasa por otra bella **torre de defensa** del siglo XVIII.

❱ **Cala en Porter.** Vamos ahora desde Sant Climent hacia el oeste. En **Cala en Porter** (a 10 km de Sant Climent) se encuentra la **cova d'en Xoroi,** un ya mítico local, a la vez discoteca y bar, situado en una gran cueva excavada en el acantilado marino, con excelentes vistas sobre el mar y la cala. Las mismas que pueden verse desde el sendero que permite el acceso a pie desde Cala en Porter a Cales Coves, por la costa (20 minutos); el sendero, señalizado, se inicia en una curva poco antes de llegar a la cova d'en Xoroi.

❯ En **Cales Coves,** cuyo acceso está señalizado en el suelo con grandes letras pintadas en el inicio del camino de la urbanización de Son Vitamina, se encuentra un imponente conjunto de **cuevas prehistóricas.** El camino, hacia la derecha, puede hacerse en vehículo, aunque siempre con mucha prudencia pues está en mal estado. Cales Coves está declarado Monumento Histórico-Artístico Nacional, por su centenar de cuevas de enterramiento usadas en diferentes épocas,

incluso como vivienda; también fueron últimamente vivienda de *hippies.* En las dos caletas que forman Cales Coves se concentran numerosos barcos de recreo. Ya en la antigüedad los navegantes buscaban refugio y aguada en ellas. Parece ser que hubo un camino que las comunicaba con la ciudad romana que hoy es Maó. En los fondos marinos se han encontrado notables pecios.

❯ **Torralba d'en Salord**. Regresando de Cala en Porter a Sant Climent encontraremos a la izquierda una desviación hacia Alaior que nos permite llegar al importante yacimiento del poblado de **Torralba d'en Salord** (a 3,5 km aproximadamente), gestio-

nado por la Fundació Illes Balears. Hasta hace pocos años, la carretera partía en dos el poblado; hoy la carretera se ha desviado, el lugar se ha adecentado como centro de interés arqueológico y se han ordenado las visitas. El conjunto es imponente: dos *talaiots* formidables, restos de un tercero, un recinto de taula con su gran taula central erecta, sala hipóstila, cuevas sepulcrales, restos de viviendas y cisternas. Se dice que fue usado desde el siglo XIV a.C. hasta el XVIII d.C. Más difíciles de encontrar, aunque su acceso se encuentra en este mismo tramo de carretera, son los yacimientos de **Torrellissà Vell,** con taula, y de **Son na Caçana,** un conjunto al parecer de uso exclusivamente religioso. Si se desea visitarlos es mejor solicitar información en el Ayuntamiento de Sant Climent, puesto que hay que pasar a pie por propiedades privadas.

DE SANT LLUÍS
A ES CASTELL

⟩ **Sant Lluís [pág. 84],** a unos 7 km de Sant Climent, es un pueblo diseñado y construido por los franceses durante su breve dominación en el siglo XVIII. Los nombres de las calles del Duque de Lannion o del Conde de Crillon lo atestiguan, así como el nombre del propio pueblo, que es también blanco, llano, rectilíneo, ordenado.

En la página anterior, yacimiento de Torralba d'en Salord. Sobre estas líneas población de Binibeca con sus blancas casas y sus rincones llenos de encanto

) **Cala de Sant Esteve**. En el camino de Sant Lluís a es Castell se puede visitar el sólido **talaiot de Trebalúger** (señalizado). Es imprescindible conocer también la **Cala de Sant Esteve,** donde aún quedan importantes vestigios de las defensas artilleras del puerto de Maó. La cala es pequeña y estrecha; el camino tiene muchas curvas, adaptándose al relieve que desciende hasta el nivel del mar; las casas de veraneo alternan con edificios que antaño tuvieron uso militar, como el vetusto y abandonado polvorín de la Marina, junto a la carretera.

En la Cala de Sant Esteve se encuentran los restos del **fuerte Marlborough,** edificado por los ingleses a principios del siglo XVIII, cuya visita es muy recomendable. Enfrente se encuentran las muy escasas ruinas del **castell de Sant Felip,** obra de los españoles (informan de las visitas en el Museo Militar de es Castell). Ambos guardaban el puerto de Maó de los ataques por el mar. Sant Felip fue desmontado completamente y con sus piedras se levantó La Mola, al otro lado del puerto de Maó; hoy queda parte de sus subterráneos.

La **torre des Penjat** (del ahorcado), una atalaya de defensa costera, fue también levantada por los ingleses en 1798.

) **Es Castell [pág.18],** a 5 km de Sant Lluís, aún puede leerse en la verja del Ayuntamiento "Villacarlos", el antiguo nombre de una localidad esencialmente militar en sus orígenes, cuando fue llamada Georgetown por los ingleses, o cuando sólo fue un barrio casi pegado al fortín de Sant Felip y a sus habitantes se les llamaba *felipets.* En la plaça de s'Esplanada, cuadrada y amplia, hay sendos cuarteles abandonados, y en otro aún en uso se ubica el sencillo pero interesante **Museo Militar.**

Las callejuelas descienden hacia el mar. En *cales Fonts* y en *cala Corb* hay restaurantes y bares que se llenan en verano, junto al paseo marítimo que llega desde el mismo Maó. Las golondrinas permiten el acceso a los islotes que se encuentran en el puerto y que han sido relativamente importantes en su desarrollo histórico: la *illa del Rei*; la *illa del Llatzaret,* donde hubo un importante lazareto; la *illa Pinto,* que usaron los americanos a principios del siglo XIX.

ALREDEDORES DE MAÓ

❱ **Maó [pág. 63],** a 2 km de es Castell, es la capital de Menorca desde la época de la dominación inglesa. La ciudad es en verano algo ajetreada y en invierno silenciosa y tranquila. Tiene verdaderos problemas de tráfico y encontrar aparcamiento en el centro es casi imposible. Por eso es mejor dejar el coche en las afueras o en el aparcamiento de la plaça de s'Esplanada y recorrer el núcleo urbano a pie.

El **port de Maó** es aún imponente: viéndolo comprendemos su importancia estratégica en otras épocas. En su parte sur están los muelles comerciales, la destilería de Gin Xoriguer, los restaurantes, la estación marítima. En la parte norte, s'Altra Banda (la otra parte), las instalaciones militares, con la formidable estructura defensiva de **La Mola,** defensa artillera y presidio militar –conjunto que hoy resulta anacrónico–, y las villas de veraneo de la antigua burguesía menorquina. Hay también un pequeño **cementerio** llamado impropiamente **dels Angleses,** pues en realidad acoge los restos de los marineros americanos que murieron en la isla mientras los Estados Unidos alquilaron parte del puerto para su flota en el Mediterráneo, a principios del siglo XIX.

En la *playa de sa Mesquida,* desde donde deberemos volver al puerto de Maó para continuar nuestro itinerario hasta los arenales d'en Castell y de Son Saura, desembarcaron en su tiempo los franceses en uno de sus intentos de invasión. Hoy es lugar de veraneo muy concurrido gracias a su proximidad a la capital. Hay una **torre de defensa** inglesa del siglo XVIII, y un peñón rocoso llamado popularmente y con cierta ironía **Es Pa Gros** (el pan grande), que protege la playa de vientos y oleajes.

EL PARC NATURAL DE S'ALBUFERA DES GRAU

Desde la rotonda situada en sa Colàrsega, donde el puerto de Maó termina, se inicia la carretera hacia es Grau (10 km) y los arenales de Son Saura y d'en Castell (20 km), últimas etapas del presente itinerario por el noreste y este de la isla. Aquí notaremos la gran diferencia geológica entre los suelos del sur y del norte menorquín. Allí llanos, claros y calizos; aquí ondulados, oscuros, a veces rojos, a veces pizarrosos.

Cala en Porter

Cala es Murtar
próxima a Maó

ꞏ Es Grau es un pueblecito de pescadores, acogedor y muy tranquilo, especialmente en invierno, cuando parece deshabitado. La *playa* es ancha, de arenas finas y poco fondo, muy apta para los niños. Un casi perfecto tómbolo divide la playa en dos. Los *llaüts* (barcas tradicionales) de los pescadores tienen refugio en es Grau durante todo el año. En frente está la *illa d'en Colom,* que también forma parte del Parque Natural, y en donde viven diversas especies de plantas y lagartijas endémicas. En la isla hay algunas pequeñas playas muy atractivas.

ꞏ Parc Natural de s'Albufera des Grau-Cap de Favàritx. En es Grau hay una caseta con información sobre este lugar, el gran y por ahora único parque natural de Menorca, que comprende paisajes agrícolas y caseríos, lugares de interés arqueológico y hábitats naturales diversos. Destaca sobre todo la gran laguna interior, donde hibernan numerosas y variadas especies de aves acuáticas: ánades, cercetas, fochas, garzas reales y cormoranes. Los pinares y acebuchares rodean el entorno, con amplias

extensiones de juncos, barrillares y otras plantas típicas de las zonas húmedas. La laguna se comunica con el mar por **La Gola:** por aquí entran los peces que las águilas pescadoras pueden capturar con facilidad. Desde es Grau puede accederse a pie a la vecina *cala de sa Torreta,* hacia el norte y oeste, donde se alza otra **torre de defensa** del siglo XVIII.

ꞏ El cap de Favàritx (a 15 km de Maó), también incluido en el parque natural, es un lugar solitario y sobrecogedor. Cuando el mar se embravece, el espectáculo resulta impresionante. En días de buen tiempo, el sol brilla cegador en el suelo de pizarra, casi negro. En el extremo del cabo hay un **faro** todavía en uso. Las *playas* cercanas –*Presili, Capifort, Morella*– son de arenas gruesas y ocres, con zonas de cantos rodados; no son muy frecuentadas pues debe accederse a pie, un esfuerzo que sin duda merece la pena. Como todo el Parque, Favàritx es zona de especial protección para las aves (ZEPA), y es fácil ver cormoranes, pardelas y gaviotas de Audouin.

LA BAHÍA DE ADDAIA

La **bahía de Addaia** (a 15 km de Maó) es larga y estrecha, salpicada de escollos e islotes que dificultan el tráfico de las múltiples embarcaciones que buscan refugio en ella.

❯ **Addaia** es un pueblo moderno y ordenado. Hay una vieja **torre de defensa** del siglo XVIII, muy bien restaurada. El paisaje es espléndido –pinares, marinas, islotes–, y además cuenta con todos los

servicios que requieren los deportistas náuticos, desde club náutico hasta escuela de buceo. Los fondos marinos son bellísimos. Frente a la bahía se encuentra la coqueta *playa de na Macaret* (a 2 km), una graciosa aglomeración de casas de veraneantes y pescadores cuyos patios dan literalmente a la plaza, al borde mismo del mar, en la pequeña playa muy concurrida en verano. *Arenal d'en Castell* tiene en cambio casi medio kilómetro de arco de arena fina. Es un lugar muy concurrido también. Hay un aparcamiento de pago, con sombra para el vehículo, lo que se agradece cuando el sol aprieta.

❯ Cerca está **Son Saura,** o Son Parc, como se la conoce hoy, por el nombre de la ciertamente aislada urbanización de Son Parc, que cuenta con el único campo de golf de la isla (no debe confundirse con el Arenal de Son Saura, en el suroeste de la isla, cerca de Ciutadella). Son Parc y Son Saura ocupan la base oriental de la casi desértica **Mola de Fornells,** entre la **punta Codolar** y la **punta de na Guillemassa,** sólo accesible a pie tras una larga excursión, límite oriental de la reserva marina del norte de Menorca.

Parada y fonda

Alcaufar Vell
Ctra. de Cala Alcaufar, km 7,3.
Telf. 971 151 874.
www.alcaufarvell.com
Magnífico hotel rural en una casona señorial, a 3 km de Sant Lluís.
Habitación doble: 130-195 €.

Hotel Rey Carlos III***
Miranda de Cala Corb, s/n.
Telf. 971 363 100. www.reycarlosiii.com
Excelentes servicios y acogedoras habitaciones. Terraza y piscina. Habitación doble: desde 60 €.

FERRERIES

> 4.717 HABITANTES

Ferreries es una población activa y dinámica dedicada a la industria –fábricas de bisutería, zapatos y muebles– y a atender los servicios del centro turístico de Cala Galdana, ubicado en una de las playas más bellas de su término y de toda la isla.

INFO Y TRANSPORTES

> **Ayuntamiento**
Son Sant Bartomeu, 55.
Telf. 971 373 003.
www.ajferreries.org

> **Autobuses**
La compañía *TMSA (Transportes Menorca S.A.)* tiene los siguientes servicios: Maó-Ciutadella por Alaior, es Mercadal y Ferreries; Maó-Ferreries-Cala Galdana; Ciutadella-Ferreries-Cala Galdana; Ferreries-Cala Galdana; Ciutadella-Cala Galdana; Maó-Cala Galdana.
www.tmsa.es

Telf. 971 360 475 (Maó) y 971 380 393 (Ciutadella).

> **Taxis**
Parada en av. Verge del Monte Toro. Telf. 971 373 484. En muchos caminos a las playas y calas más salvajes, los propietarios de las fincas que se atraviesan cobran un peaje por vehículo (a pie, gratis). Esto que en principio puede incomodar tiene algunas ventajas: accesos más cuidados, más limpieza y retirada de basuras, en algunos casos aparcamiento vigilado e, indudablemente, playas menos llenas; todo por un módico precio.

VISITA ■

El paseo por el casco antiguo marca el inicio del recorrido por las calles de Ferreries; sin embargo, sus alrededores, con impresionantes barrancos y agreste vegetación, captan la atención y el recuerdo de quien visita esta población.

FERRERIES

El casco antiguo de la población está formado por calles estrechas y blancas de enorme encanto. Su origen debe buscarse en el año 1331, cuando el rey de Mallorca Jaime III ordenó construir una iglesia en el lugar denominado La Fraria, habitado anteriormente por unos frailes mercedarios dedicados a redimir cautivos; la degeneración del topónimo dio lugar al nombre actual de Ferreries. La **iglesia de Sant Bartomeu,** que hoy contemplamos, edificada en 1870 y de estilo barroco, es la segunda levantada en honor a este santo; en el siglo XIV se había construido otra dedicada al santo en Llinàritx Vell. En el

carrer Mallorca, en los locales de un antiguo matadero, se ha instalado el **Centro de la Naturaleza de Menorca** (telf. 971 374 505). Las **fiestas** de la población, que se celebran por **Sant Bartomeu** el 24, 25 y 26 de agosto, son muy parecidas a las de Ciutadella, con la ventaja de que no acostumbran a tener las aglomeraciones que se repiten cada año en aquella ciudad.

ALREDEDORES DE LA POBLACIÓN

El *puig de Santa Àgueda,* con 264 m de altitud, es la segunda elevación de Menorca. Se accede al mismo por la carretera que conduce a Ciutadella tomando un desvío a la derecha bien señalizado. El último tramo se realiza a pie a través de un camino empedrado. En la cima, además de la **ermita de Santa Àgueda,** se encuentran las **ruinas** de una antigua **fortaleza árabe** en la cual se refugió el último almojarife menorquín cuando fue asediado por el rey Alfonso II en su conquista de Menorca. Huelga decir que la vista desde la cima es espectacu-

lar, abordando gran parte de la isla. Si seguimos la pista que lleva a Santa Àgueda llegaremos a las *calas de Els Alocs,* de oscuros guijarros y aguas transparentes; un sendero hacia occidente lleva en unos veinte minutos a *cala Pilar,* de arenas rojizas y espectaculares colinas y acantilados.

El **yacimiento** prehistórico **de Son Mercer de Baix** se ubica en

Fiestas de Sant Bartolomeu en Ferreries

Compras

MERCADILLOS

Martes y viernes. Los sábados por la mañana se celebra un mercado agrícola y artesano.

PIEL

Se pueden adquirir prendas y complementos de piel (zapatos, cinturones…) de diseño y fabricación propia, de gran calidad, en **Industrias Artesanas de Menorca** (en el polígono industrial); también tienen artesanías y cerámicas menorquinas. **Calzados Ferrerias, Jaime Mascaró** y **Calzados Ría,** son otros de los prestigiosos fabricantes y exportadores con tiendas o venta directa en Ferreries, igualmente con productos de gran calidad.

GASTRONOMÍA

En **Hort de Sant Patrici** (camí de Sant Patrici, s/n; telf. 971 373 702; www.santpatrici.com) elaboran quesos artesanales de la D.O.P. Mahón-Menorca; cuentan además con un singular Museo del Queso, habilitado en una antigua nave destinada a la cría y engorde de ganado, y en el que exponen piezas y herramientas antiguas tales como jarras de leche, banquetas, prensas, cuencos, cubas, etc. En su tienda pueden comprarse, además de los excelentes quesos artesanales, todo tipo de embutidos menorquines *(carn-i-xulles,* sobrasadas…), miel de Menorca, *carquinyolis* y otros dulces menorquines, mermeladas naturales, hierbas (herbes) y licores de fabricación propia, y también vinos mallorquines de las D.O. Binissalem y Pla i Llevant.

En Ferreries hay que pasar también por la panadería y confitería **Los Claveles** (avda. Virgen del Monte Toro, 4; telf. 971 373 128), un clásico en el que elaboran unas cocas, panes y repostería diversa excelentes… y las mejores ensaimadas de Menorca.

OTROS PRODUCTOS

Nuria Deyà (San Bartomeu, 46; telf. 971 373 523; www.nuriadeya.com) elabora joyería artesana, con diseños vanguardistas a partir de la combinación de tres materiales: oro, titanio y plata.

Espectáculos

Club Escola Menorquina (ctra. Ferreries-Cala Galdana, km 0,5; telf. 971 155 059).
Espectáculo ecuestre de doma menorquina con caballos de la isla (negros) y españoles. Una hora y cuarto de exhibición colorista en la que el noble bruto es el protagonista incuestionable. Se celebra los miércoles y domingos –de junio a septiembre, ambos meses inclusive– a las 20.30 h.

la carretera de Ferreries a Sant Cristòfol (es Migjorn Gran). Se debe tomar la primera desviación a la derecha, dirección a la cala de Trebalúger. Meritorio y rico conjunto megalítico en el que encontraremos navetas y cuevas funerarias.

El *barranc d'Algendar* es uno de los más bellos de la isla. Con caudal de agua prácticamente todo el año, permite que la vegetación de ribera crezca de manera poco usual. Su longitud es de 6 km y algunas paredes alcanzan los 50 m de altura. En este barranco se han clasificado más de 200 especies botánicas, además de poseer una fauna rica y variada. Un paseo por él nos ilustra de por qué Menorca ha sido declarada por la Unesco Reserva de la Biosfera.

El barranc d'Algendar desemboca en **Cala Galdana,** que posee una hermosa playa en herradura, flanqueada de acantilados y pinos, aunque para algunos excesivamente urbanizada. De características similares, aunque totalmente salvajes, son las *calas de Trebalúger, Macarella* y *Macarelleta,* a las cuales sólo puede accederse a pie o por mar.

Ver también la ruta por **El centro de Menorca [pág. 24].**

Cala Macarelleta

DORMIR
EN FERRERIES

APARTHOTEL LOAR
Reverend Pare Huguet, 2. Ferreries.
Telf. 971 374 181. www.loarferreries.com
Habitación doble: 43-95 €.
Disponen de nevera y una pequeña cocina. A partir de dos días los precios se reducen. Abre durante todo el año.

› OTROS HOTELES DE PRECIO MÁS ELEVADO

La práctica totalidad de los alojamientos del término de Ferreries se encuentran en Cala Galdana. Entre ellos destacan el **Hotel Cala Galdana****** (telf. 971 154 500; www.hotelcalagaldana.com; habitación doble: 70-90 €) y el **Sol Gavilanes****** (telf. 971 154 545; www.solmelia.com; habitación doble: 250 €), con hermosas vistas sobre la cala.

› TURISMO RURAL

SON TRIAY NOU
Ctra. de Cala Galdana, km 2,5.
Telf. 971 155 078 y 600 074 441.
www.sontriay.com; Habitación doble: 76 €.
Gran finca señorial de estilo colonial inglés del siglo XVIII. Cuidados jardines rodean la finca, que dispone de piscina y pista de tenis. Ofrece 3 habitaciones dobles con baño y decoradas con gusto, más una vivienda independiente para dos personas, situada en el jardín. Sirven cenas previo encargo.

BINISAID
Carretera de Cala Galdana, km 4,3.
Telf. 627 479 875.
Confortable casa rural que abre sólo en verano. Dispone de 6 habitaciones dobles (3 con baño). Ubicada cerca del paraje natural del barranc de S'Algendar. Se puede ir por senderos propios de la finca hasta las calas Galdana y Mitjana. Piscina.

› CÁMPING

S'ATALAIA
Carretera de Cala Galdana, km 4.
Telf. 971 374 232. www.campingsatalaia.com; A 5 km de Ferreries.

COMER
EN FERRERIES

› CASAS CON MENÚ (MENOS 15 €)

LOAR
Reverend Pare Huguet, 1. Telf. 971 373 030.
Esta casa ofrece cocina típica menorquina con especialidad en calamares rellenos y berenjenas con rape.

› RESTAURANTES (DESDE 30 €)

El **Mesón El Gallo** (ctra. Cala Galdana, km 1,5; www.mesonelgallo.com; telf. 971 373 039) es un restaurante familiar en una agradable y sencilla casa de campo (Son Martorellet) con 27 años de tradición culinaria. Forman su clientela menorquines y turistas fieles que repiten cada año y conocen sus especialidades: carnes a la brasa, solomillo al queso de Mahón y la famosa paella El Gallo. Muy buena relación calidad/precio. Cierra lunes. En Cala Galdana se puede acudir a **es Barranc** (telf. 971 154 643), un concurrido establecimiento en el que alaboran excelentes pescados y mariscos y cocina típicamente menorquina, o a **Sa Lluna** (telf. 971 154 705), también muy popular y que cuenta con una agradable terraza. El **Liorna** (Econom Florit, 9; telf. 971 373 912) es un singular restaurante a la vez que galería de arte. También su cocina es de vocación creativa, basada en la tradición, pero de carácter innovador. Un lugar muy interesante.

MAÓ

❯ 28.942 HABITANTES

Maó es la capital y la mayor concentración urbana de la isla de Menorca. Posee un hermoso casco antiguo con empinadas callejuelas y plazas pintorescas llenas de sabor. Pero lo que más llama la atención es su privilegiada situación sobre su puerto que, con una longitud de 5 km, es considerado la mayor rada natural del Mediterráneo.

INFO

> Ayuntamiento
Plaça Constitució, 1.
Telf. 971 369 800.
www.ajmao.org

> Oficina de Turismo
Plaça Constitució, 22.
Telf. 971 369 800.

> Oficina de Información Turística del Aeropuerto
Terminal de llegadas.
Telf. 971 157 115.
www.menorca.es

TRANSPORTES

> Aeropuerto
A 4,5 km del centro de Maó.
Telf. 971 157 000.

> Autobuses
La compañía *TMSA (Transportes Menorca S.A.)* con parada en Josep Anselm Clavé, junto a S'Esplanada, tiene los siguientes servicios:
Maó-Ciutadella por Alaior, es Mercadal y Ferreries.
Maó-Ferreries-Cala Galdana.
También ofrece servicios a Cala

Plaza del Carmen

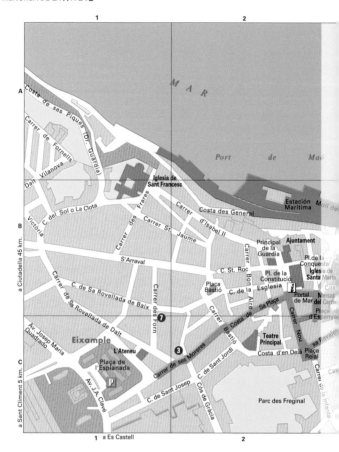

› Casco antiguo o Ciudad Vieja

Agradable laberinto de calles de blancas casas, salpicadas aquí o allá por palacios, iglesias o edificios públicos. Se extiende entre S'Esplanada –plaza rodeada de cuarteles y cafeterías, y que da inicio a S'Eixample– y la Costa de ses Voltes, cuesta que comunica el puerto con la ciudad vieja.

Durante el día presenta una inusitada animación, especialmente en sus calles comerciales (Carrer Nou, de ses Moreres, Costa de Sa Plaça y S'Arravaleta) y en los aledaños de sus dos mercados populares: el Mercat des Peix y el de ses Verdures.

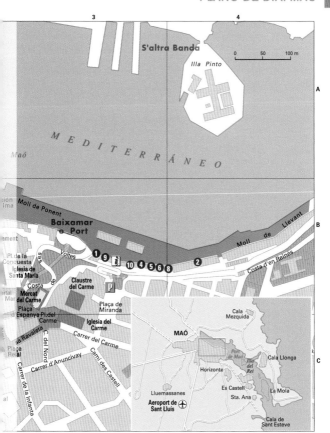

S'altra Banda

Illa Pinto

0   50   100 m

M E D I T E R R Á N E O

Maó

Moll de Ponent

Baixamar o Port

Moll de Llevant

Costa d'en Reines

Voltes

Pl. de la Conquesta
Iglesia de Santa María

Costa
Mercat del Carme

Claustre del Carme

Plaça d'Espanya

Pl. del Carme

Plaça de Miranda

Iglesia del Carme

C. del Nord

Carrer del Carme

Carrer d'Anuncivay

Camí des Castell

Carrer de la Infanta

Cala Mezquida

MAÓ

Port de Maó

Illa del Rei

Cala Llonga

Horizonte

Lluemassanes

Aeroport de Sant Lluis

Es Castell

Sta. Ana

La Mola

Cala de Sant Esteve

❯ El Port (El Puerto)

El largo puerto de Maó –recreativo, de pasaje y mercancías– está flanqueado por un bello paseo marítimo que nos permite una apacible caminata entre Sa Colàrsega(su fondo) y la Cala Fonduco, del vecino municipio de es Castell. La Costa de Ses Voltes lo divide en dos sectores: Moll de Llevant y Moll de Ponent. El primero cuenta con una gran densidad de restaurantes, muy frecuentados en verano y fines de semana.

65

Tomàs, Son Bou, Torre Soli Nou, es Castell, Sant Lluís, Alcaufar, S'Algar, Las Palmeras, Punta Prima, Binibeca, Sant Climent, Cala en Porter y Canutells.
Telf. 971 360 475.
www.tmsa.es

> Barco

La compañía *Acciona-Trasmediterránea* une cada día el puerto de Maó con el de Barcelona en una travesía diaria, mientras que los domingos ofrece una travesía a Valencia y otra a Palma de Mallorca.
Telf. 971 362 950.
www.trasmediterranea.es
La compañía *Balearia* ofrece desde Maó una travesía diaria al puerto de Valencia, dos travesías semanales a Barcelona y tres travesías semanales a Port d'Alcúdia (Mallorca).
Telf. 902 160 180.
www.balearia.com

> Excursiones marítimas

Visitas del puerto de Maó en catamaranes con visión submarina. Salida especial a la puesta del sol con música en vivo.
Catamaranes Amarillos.
Moll de Llevant, 12. Telf. 971 676 351.
www.yellowcatamarans.com
Salidas frente a la Costa de ses Voltes.

> Taxis

Parada en plaça s'Esplanada.
Telf. 971 361 283.
Parada en plaça d'Espanya.
Telf. 971 362 891.
Radio Taxi. Telf. 971 367 111.

> Alquiler de automóviles

En el aeropuerto tienen oficina las principales compañías.
En Maó: *Betacar/Europcar.*
Telf. 971 360 620.
Autosmenorsur. Moll de Llevant, 35.
Telf. 971 365 666.
www.autosmenorsur.com

VISITA ■

La visita a Maó requiere al menos un par de días de periplo. El paseo por el casco histórico comienza en el centro urbano, recorriendo sus calles empinadas donde destacan los edificios de estampa colonial. Hay que llegar al puerto, desde cuyas aguas se puede contemplar una vista singular de la ciudad, y seguir el recorrido por los enclaves paisajísticos y arquitectónicos que están en sus cercanías.

El tapeo

Tapear en Maó no es un hábito muy extendido, sin embargo, hay buenos lugares desperdigados por la ciudad y el puerto donde picar algo antes de ir a comer, o bien yantar dignamente en plan de tapas y raciones.

En pleno centro peatonal, con una agradable terraza, está el **American Bar** (Plaça Reial, 8), muy adecuado para el vermú de los domingos. En la plaça Bastió, 12, está **La Morada,** uno de los bares más tradicionales de Maó donde degustar tapas de la cocina menorquina. A medio camino del mercado del Carmen y el Mercat des Peix, se encuentra **El Mirador,** que ofrece excelentes tapas caseras elaboradas con productos de mercado. En el **Café del Foro** (Ramón y Cajal, 2) han hecho fortuna sus tapitas de paella para acompañar el vermú de los sábados. En la plaza del Princep se inauguró no hace mucho el agradable **ARS Café**, con una siempre concurrida terraza, válido tanto para tomar unas tapas, unas tostadas de pan de payés, un café o una copa a primera hora de la noche. Esta misma versatilidad es la que tiene **Café La Villa** (Moll de Llevant, 115), un bar de tapas al estilo de Madrid, de donde son sus propietarios, de los que con la caña te ponen el pincho del día, con buena música y barullo de gente. Además de este último, para tapear en el puerto recomendamos **Alba** (Moll de Llevant, 298), **El Cachito** (Moll de Llevant, 278) y **La Sentina,** también en el andén de Levante, especializados en tapas de pescado y marisco.

Puerto de Maó

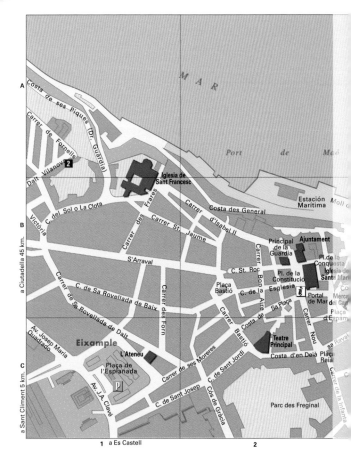

1 a Es Castell

2

› El Port o Baixamar

Salvo en algunos locales dispersos por el centro de la ciudad, el puerto es la zona de diversión nocturna por excelencia de Maó. Aunque escasos en el Moll de Levant, los bares de copas son muy numerosos en el extremo del Moll de Ponent, también con algún restaurante, y en Costa des General.

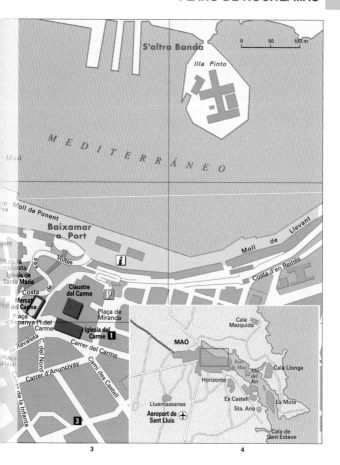

MAÓ ESENCIAL. EL CASCO HISTÓRICO

Para su visita se recomienda dejar el coche en el puerto o en los aparcamientos subterráneos y realizar el paseo a pie entre blancas callejuelas a las que se asoman ventanas en guillotina –herencia de la dominación inglesa– cerradas en las horas de fuerte luz con las típicas persianas menorquinas.

La **iglesia del Carme** data del año 1751, no siendo terminada hasta el siglo XIX. Cada 16 de julio, festividad de la Verge del Carme, se celebra una procesión marinera y diversos actos festivos y populares. Su claustro barroco alberga actualmente el pintoresco **mercado de verduras.** En su interior se guarda la colección de pintura Hernández Mora, con cuadros de retratos y paisajes menorquines (telf. 971 350 597; visita: de lunes a sábado, de 10 h a 13 h; entrada libre).

La **iglesia de Santa Maria,** situada entre la plaça de la Constitució y la plaça de la Conquesta, es un edificio construido entre 1748 y 1772 sobre una planta original

69

Compras

El **mercadillo** de Maó se celebra martes y sábado en la plaza de S'Esplanada. Hay también el **mercado diario** que se instala en el claustro del Carme, donde es posible hallar todos los productos que provienen de la huerta menorquina, además de todo tipo de productos autóctonos de artesanía (piel, bisutería, cerámica…). El **Mercat del Peix** (mercado de pescado) se instala de martes a sábado en la plaza de Espanya. Todos los viernes de junio a septiembre se ubica en la plaza del Carme un **mercado artesano,** en el que se venden productos hechos a mano por artesanos menorquines homologados.

GASTRONOMÍA

El queso Mahón-Menorca, elaborado con leche de vaca y con Denominación de Origen, es una de las joyas gastronómicas de Menorca. También puede llevarse uno a casa el fruto de las *porquejades* (matanzas), tales como la *carn i xua,* la *sobrassada* o el *botifarró.* Son una delicia las mermeladas artesanas así como la miel que elaboran las abejas a partir del polen de las numerosas flores que cubren los campos de Menorca. Es obligado mencionar unos postres tan tradicionales como las ensaimadas, *crespells, flaons* o *robiols.* Una buena, céntrica y bien surtida tienda para hacerse con productos alimenticios es **El Turronero** (Carrer Nou, 22).
En el **Mercat del Claustre** hay diversas paradas **(Mercé, Can Joana…)** en las que pueden hallarse todo tipo de quesos y productos menorquines. También en la pequeña tienda de **Can Porta** (Nord, 9) pueden encontrarse quesos y otras especialidades locales muy difíciles de hallar en otros sitios, y en el colmado **La Palma** (Hannover, 17) se hallarán numerosos productos gastronómicos autóctonos, sobre todo quesos.
El *gin,* embotellado en hermosos envases, es una ginebra de herencia británica que forma parte de la historia de la isla. Es recomendable visitar en el puerto las **Destilerías Xoriguer,** con degustación y venta de una de las más prestigiosas marcas de *gin* (Moll de Ponent, 91; telf. 971 362 197).
El Consell Insular de Menorca ha creado el distintivo "Producto de Menorca", avalado por la Conselleria d'Agricultura, Comerç i Industria del Govern Balear, garantía de autenticidad y calidad.
Compras de última hora pueden hacerse en **Medas Shop,** en el aeropuerto.

PIEL

Un producto muy típico de Menorca son las *avarques* (albarcas), calzado ligero muy apto para el verano y las playas. Pueden

comprarse en **Rústica** (Moll de Ponent, 31) y **S'Abarca** (Moll de
Llevant, 21), ambas tiendas en el puerto. También en **Nagore**
(calle de l'Àngel, 18) o en **Pons Quintana** (S'Arravaleta, 21), taller
fundado en 1953.

CERÁMICA

Hermanos Lora Buzón (Moll de Ponent, 8-10; telf. 971 363 685).
Fabricación y venta de artesanía menorquina de cerámica. Piezas
antiguas de cerámica tradicional. También conviene recordar que
la prestigiosa marca menorquina **Lladró,** de figuras y objetos de
porcelana, tiene dos tiendas en Maó.

En **Encant** (Infanta, 20) pueden encontrarse antigüedades y objetos
de diseño en una casa centenaria magníficamente rehabilitada. Y
para el tema de la bisutería, otra de las especialidades menorquinas,
se puede acudir a **Vives** (Carrer Nou, 29), que lleva ya tres
generaciones diseñando y elaborando joyas.

Festivales y eventos culturales

Los meses de primavera y verano son los más apropiados para disfrutar del amplio abanico de oferta cultural en la ciudad. El Teatro Principal acoge la **Setmana de l'Òpera,** que se celebra en mayo y en diciembre, aunque se programan representaciones operísticas durante todo el año, con una temporada que tiene en verano su punto culminante. En el terreno musical cabe sumar los **conciertos de órgano** que tienen lugar de mayo a octubre, todos los días de lunes a sábado a las 11 h, en la iglesia de Santa Maria; el **festival Música a la Nit,** que permite disfrutar de conciertos, teatro y poesía durante todos los viernes del mes de mayo en el claustro de Sant Francesc, y el **festival Estiu a Maó** (verano en Maó) en el que los conciertos y representaciones teatrales tienen como escenario el claustro del Carme, también las noches del viernes, y durante todo el verano. Finalmente, un curioso evento, en este caso de carácter deportivo, son las **carreras de trotones** (caballos tirando de un carrito donde va el jinete), que pueden verse durante todo el año en el Hipódromo Municipal (avda. Josep Anselm Clavé, 400; telf. 971 368 262; www.hipodromdemao. com), un evento poco habitual en la Península pero muy popular en las Baleares. Las carreras se celebran los domingos. Merece la pena conocerlo.

Para informarse sobre las actividades culturales, el teléfono de los Servicios Municipales de Cultura es el 971 353 280.

del siglo xiii. De estilo gótico tardío, destaca en su interior un monumental **órgano** construido por el maestro suizo Johann Kyburz el año 1806. Durante los meses de julio y agosto se celebran en este templo importantes conciertos dentro del Festival Internacional de Música de Maó. En el interior de la iglesia también destacan una **cruz** procesional gótica con los Doce Apóstoles al pie de Jesús, y las **tumbas** del marqués de Frémeur y el conde de Lannion, gobernadores de la isla durante la dominación francesa. Situado en la plaça de la Constitució, el **Ajuntament** (Ayuntamiento) es un edificio iniciado en el año 1613 y reformado en 1789. Su fachada, neoclásica, aún guarda en la torre el reloj que trajo a Menorca

el gobernador inglés Richard Kane. Destaca en el interior **La Sala,** de 1613, reformada por el ingeniero militar Francisco Fernández Angulo en 1788. La galería de menorquines ilustres también puede visitarse. Frente al Ajuntament se alza el edificio **Principal de la Guardia,** utilizado por los ingleses durante el siglo xviii como cuerpo de guardia; alberga actualmente dependencias municipales. En la plaça de la Conquesta, un monumento realizado por el escultor Marés en 1950, recuerda al rey Alfonso III de Aragón que, a fines del siglo xiii, conquistó la isla a los árabes. En la misma plaza se encuentran la Biblioteca pública y el Archivo histórico, ubicados en el antiguo **palacio de Can Mercadal,** del siglo xviii,

Calle de Maó al anochecer

Cafés

Para tomar un buen café en un ambiente de casino antiguo, con butacones y socios leyendo relajadamente la prensa mientras fuman una pipa, hay que dirigirse a **es Dinaret** (Carrer Nou, 1), donde otrora se ubicara el Casino de la Unió. Su nombre procede de la antigua costumbre de pagar una moneda *(diner)*, para añadir aceite a las lámparas y prolongar la velada una vez caída la noche. Otro ambiente registra el **Café Miranda** (plaça Miranda), a donde acuden a desayunar o tomar el cortado funcionarios de los juzgados y oficinas administrativas próximas. Otras buenas opciones son el popular **Café del Foro** (Ramón y Cajal, 2) y el **ARS Cafè**, en el centro de Maó, con una agradable terraza, y en el que también sirven ensaladas, tapas, tablas de queso, bocadillos o tostadas de pan de payés. En el puerto hay que ir al **Baixamar,** en el Moll de Ponent, ambiente relajado y portuario en un sorprendente marco pseudomodernista. En Menorca tiene fama la elaboración de helados artesanos, por lo que no es una mala idea visitar después de comer, o si el calor aprieta, **Sa Gelateria de Menorca** (Costa de Sa Plaça, 2), o bien **El Turronero** (Carrer Nou, 22, en el centro peatonal): helados, horchatas, granizados, turrones y repostería en un tradicional negocio fundado en 1894 por gentes venidas desde Xixona (Alicante). Tienen una tienda anexa donde comprar típicos productos menorquines.

construido en estilo neoclásico. A la **iglesia de Sant Francesc** se llega por el carrer de Isabel II. El templo y el claustro, convertidos actualmente en museo, son del siglo XVII. La iglesia, desamortizada en 1835, es de nave única y de estilo gótico tardío. El **Museu de Menorca** nos invita a realizar un interesante recorrido por la historia de la isla, desde sus primitivos habitantes talayóticos hasta el siglo XX, pasando por las épocas romana, bizantina, islámica, y los avatares de los siglos XVII, XVIII y XIX, con las dominaciones británicas y francesa (Doctor Guàrdia, s/n; telf. 971 350 955; visita: de noviembre a marzo, de martes a viernes de 9.30 h a 14 h, y sábados y domingos de 10 h a 14 h; de abril a octubre, de martes a viernes de 9.30 h a 14 h, sábados y domingos de 10 h a 14 h, y de martes a sábado abierto también de 18 a 20 h).

El **bastió de Sant Roc,** en la calle del mismo nombre, es el último vestigio de la muralla medieval que protegía a la ciudad; edificada por los árabes, entre los siglos XIV y XVII resultó ineficaz ante los repetidos asedios turcos. Su demolición se inició en el siglo XVIII por motivos urbanísticos de expansión del casco urbano. El **Teatro Principal** fue construido a principios del siglo XIX. En él se celebra la prestigiosa Setmana d'Ópera de Maó, con la presencia de famosos intérpretes de este género musical.

Tras asomarnos a algunos balcones-miradores sobre el puerto, podemos finalizar la visita al casco histórico en la **plaça de S'Esplanada,** inicio del Eixample o ensanche de la ciudad. Está flanqueada por varios cuarteles –que pronto serán abandonados en beneficio de Maó–, terrazas de bares y paradas de taxis. Desde aquí se inicia el itinerario por las arterias comerciales, con calles peatonales y una gran animación.

EL PORT

El puerto de Maó es, sin lugar a dudas, uno de los grandes atractivos de la ciudad. Deambular por los muelles y por el camino que lo bordea en altura es un ejercicio relajante. Su longitud es de 5,5 km y su anchura oscila entre los 250 y los 1.000 m, con una línea de profundidad de entre 8 y 20 m. Estas características tan excepcionales lo convierten en uno de los puertos naturales más importantes del Mediterráneo. Sus muelles se conocen como **Baixamar;** se extienden a los pies de la ciudad, bajo la plataforma rocosa en la que se asienta Maó. Cuenta con un hermoso paseo marítimo. A lo largo de los muelles se puede contemplar una intensa actividad portuaria, comercial, turística y

Edificio del Consejo Insular de Menorca, ejemplo de la nueva arquitectura vanguardista en Maó

Fiestas populares

Se celebran las fiestas patronales de la **Mare de Déu de Gràcia** del 6 al 9 de septiembre.

Espectáculos ecuestres de raíz medieval con *jaleos* y *caragols* en los que jinetes con atuendo tradicional, montando bellos caballos menorquines, realizan espectáculos de destreza, con carreras, ensortijamientos y actos multitudinarios donde los caballos levantan sus patas delanteras en medio de un público enfervorecido. Son de una inigualable belleza plástica.

En julio, en la víspera de la fiesta de la **Verge del Carme** (día 16), se celebra en el puerto una vistosa procesión marinera.

pesquera, con numerosos bares y restaurantes que sacan sus mesas a las terrazas del exterior. En medio de la rada emergen varias islas e islotes entre los cuales destacamos la isla del Rei y la del Llatzaret. El **islote del Rei** (o des Conills) tiene una cierta importancia histórica: se dice que fue allí donde pisó tierra menorquina por vez primera el rey Alfonso III de Aragón en diciembre del año 1286, cuando se disponía a arrebatar la isla a los musulmanes. Más tarde, en 1750, se construyó por orden del gobernador Blakeney un hospital militar inglés, que funcionó hasta 1964. Por ello se le conoció también con el nombre de Bloody Island. En esta pequeña isla se encuentran los restos de una **basílica paleocristiana**.

La *isla del Llatzaret* (del Lazareto), antes península, alberga unas instalaciones, antaño sanitarias, que funcionaron entre 1817 y 1917 para establecer la cuarentena de los barcos procedentes de Oriente. Actualmente están adscritas al Ministerio de Sanidad, y se utilizan para la celebración de congresos (se pueden visitar del 1 de mayo al 31 de octubre, de lunes a domingo de 10 a 17 h, concertando la visita en el telf. 971 362 587; entrada gratuita). El edificio fue diseñado por el ingeniero militar Manuel Pueyo en tiempos de Isabel II y su ministro Floridablanca. De estilo racionalista ilustrado, cuenta con torres de vigilancia y accesos a cada una de las cuatro dependencias: zona de apestados, zona sucia, zona de vigilancia y zona limpia.

En la orilla norte del puerto, conocida como S'Altra Banda, se alza la imponente villa de Sant Antoni, más conocida como **The Golden Farm.** Se dice que en ella habitó el almirante Nelson, acompañado de su amante –lady Hamilton–, durante su estancia en la isla; hoy día es propiedad privada, guardando en su interior una notable biblioteca sobre el almirante.

También en S'Altra Banda, y cerrando la bocana del puerto natural, se erige la impresionante península de **La Mola,** con un fuerte y una prisión militar construidos también durante el reinado de Isabel II. Recomendamos las excursiones marítimas que se realizan por el puerto de Maó, algunas de las cuales incluyen una visita a las islas.

ALREDEDORES DE MAÓ

La **ermita de Gràcia,** en el cementerio municipal, alberga la imagen de la patrona de la ciudad. La nave es gótica del siglo xv, mientras que el crucero y camarín pertenecen al siglo xviii. Durante la celebración de las fiestas las calles de Maó se engalanan y no faltan manifestaciones representativas del folclore menorquín, como los *jaleos* y los *caragols,* exhibiciones de destreza ecuestre.

Siguiendo por el mismo camino de la ermita llegaremos al yacimiento talayótico de **Trepucó,** del cual se conservan un *talaiot,* una taula (una de las más grandes de la isla) y algunas dependencias que debieron servir como residencia. La pared que salvaguarda el *talaiot* fue construida en el año 1781 para proteger unas baterías militares durante el asedio al castillo de Sant Felip, en es Castell. Todo el conjunto arqueológico fue declarado monumento histórico-artístico en el año 1931.

Sa Mesquida es una cercana playa ubicada al norte de Maó, con una hermosa torre de defensa del siglo xviii. Un agradable trayecto entre granjas y colinas lleva al dantesco paisaje geológico del *cap de Favàritx,*

La noche

Salvo en algunos locales dispersos por el centro de la ciudad, donde tomar una copa más bien relajada, la movida mahonesa se desarrolla al amparo de las frescas brisas del puerto. Y si bien apenas encontramos un par de bares en el Moll de Llevant (con una gran densidad de restaurantes), los bares de copas se multiplican en el extremo del Moll de Ponent y Costa d'es General, con locales sucediéndose uno tras otro, incluyendo chiringuitos en los primeros pisos. A la altura de la Estación Marítima se ubican varios locales, entre los que sobresale el **Terminal,** ya casi convertido en un clásico de la zona, de ambiente desenfrenado y divertido, y muy concurrido durante los meses de verano. Entre 12 de la noche y 4 de la madrugada adquiere su máximo auge.

Más hacia el este abren sus puertas **Salsa** (Moll de Ponent, 29) y el **Baixamar** (Moll de Ponent, 17), café-bar de estilo modernista y el primero en instalarse en el puerto. Sin embargo brilla con luz propia la estrella del **Akelarre** (Moll de Ponent, 41-43), otro de los pioneros consolidados, que desde 1984 sirve "copas marítimas". El Akelarre son en realidad dos locales con dos ambientes diferentes: en el piso superior se respira un espontáneo y discreto ambiente gay, mientras que a ras de suelo predomina una música de jazz y blues, la preferida de Mikel, el dueño, que a menudo organiza fiestas y actuaciones de música en vivo. Aquí han tocado personajes de la talla de Tete Montoliu o Jarabe de Palo. La decoración es rústica, de altas bóvedas enladrilladas con toques modernistas y de diseño. A la altura del número 62 se apiñan el **Cheers 62** y el **Texas;** ambos son bares de copas.

En el Moll de Llevant están el **Latitud 40°** (número 265), con un ambiente cosmopolita, donde tomar una caipiriña, un mojito o muchos tipos de cerveza, o bien degustar una ensalada, un carpaccio o una fondue. En su agradable terraza frente al mar, con barra de copas, suena música tranquila.

Para seguir la marcha en esta zona se puede ir al **Mambo bar** (número 209), convertido en los últimos años en un local de vanguardia musical, y en el que suelen organizar fiestas temáticas.

En el centro de la ciudad, en plena zona peatonal, señalamos el **Nou**

con un esbelto faro que soporta estoicamente los embates de la fuerte tramontana. Más dulce es el paraje de **es Grau,** con el cercano **Parc Natural de S'Albufera des Grau** –muy rico en aves acuáticas– y **S'Illa d'en Colom,** islote con playas totalmente vírgenes.

Ver también la ruta por **El este de Menorca [pág. 49].**

DORMIR
EN MAÓ

HOSTAL RESIDENCIA JUME*

(C3) **1**. Concepció, 4 y 6.
Telf. 971 363 266.
Habitación doble: 55-75 €.
wwww.hostaljume.com
Uno de los pocos alojamientos económicos recomendables en el cen-

Bar (Carrer Nou, 1, primer piso), animado bar de copas ubicado sobre es Dinaret, antiguo café y casino. En un callejón de la plaça d'Espanya, detrás del Mercat des Peix, se hallan el **Mirador Café** y el **Nou de Copes.** Hay música en vivo en el **Nashville** (Moll de Llevant, 147), donde también sirven platos de la cocina alemana y variedad de cervezas.

En Sant Climent, los amantes del jazz no dejarán de acudir al **Casino de Sant Climent** (Sant Jaume, 4), restaurante y casino con veladas musicales todos los martes (martes y jueves en verano) a partir de las 21.30 h.También hay que desplazarse fuera del casco urbano de Maó para ir a la discoteca **Karai** (Sa Sinia des Moret, s/n), donde durante las noches de verano se reúnen los mejores DJs nacionales. Mezclas de la mejor música progressive y vanguardista; cuenta con dos barras, tiene forma de cueva y está situado sobre un acantilado.

tro de Maó. Tiene 39 habitaciones, todas con baño privado y calefacción. Cafetería anexa.

❱ OTROS HOTELES DE PRECIO MÁS ELEVADO

Así como hay pocos alojamientos económicos y recomendables en el casco urbano de Maó, existen varios de categoría superior extraordinariamente agradables. Si bien su precio supera ampliamente nuestro presupuesto medio, es factible conseguir habitación doble por 55-65 € con las fórmulas de cheque-hotel o paquete turístico.

El **Port Mahón****** (f.p.; Fort de l'Eau, 13; telf. 971 362 600; www. sethotels.com) es un hotel de construcción moderna con un aire

colonial británico en su arquitectura, el mejor ubicado de la ciudad y con maravillosas vistas del puerto de Maó. Cuenta con todos los servicios de su categoría. Aunque resulta caro (habitación doble: desde 135 €), si se contrata habitación por el sistema de cheque-hotel, el precio baja considerablemente. Todo un lujo. A unos diez minutos a pie del centro se halla el **Catalonia Mirador des Port***** (A1 **2**; Dalt de Vilanova, 1; telf. 971 360 016; www.hoteles-catalonia.com; habitación doble: desde 75 €), un hotel nuevo con amplias habitaciones con pequeña alcoba y vistas al puerto de Maó. Ambiente agradable y confortable. Piscina.
Capri Le Petit Spa*** (f.p.; Sant Esteve, 8; telf. 971 361 400;

www.artiem hotels.com; habitación doble: 103-195 €) es un moderno y funcional hotel cerca de S'Esplanada. Las habitaciones tienen balcón y todos los servicios. Un pequeño *spa,* con terraza- solarium, nos permitirá relajarnos y contemplar unas preciosas vistas. Dispone de cafetería y restaurante anexos. **Hotel San Miguel***** (A3 **3**; Comerç, 26; telf. 971 364 059; www.hotel-menorca.com; habitación doble: 85-160 €). Alojamiento exclusivo, elegante y refinado, con 16 lujosas suites decoradas con gusto. El hotel cuenta con todas las comodiades e innovaciones, a lo que se suma el esmerado trato a los clientes. Su restaurante ofrece platos propios de la cocina italiana y menorquina.

COMER
EN MAÓ

La cocina de Menorca es esencialmente mediterránea, con gran importancia de los pescados y mariscos frescos y los derivados del cerdo *(porquejades).* Uno de los platos más típicos es la caldereta de pescado, mariscos y, en especial, la de langosta. Destacan en la gastronomía popular el *oliaigua* (una sopa ligera), las berenjenas al horno, la perdiz con col y los embutidos de cerdo: *carn i xua* (longaniza de carne de cerdo y tocino), *sobrassada, camot y botifarrons* (embutidos cocidos a base de carnes picadas con diferente grosor, sangre y un peculiar sabor a hinojo o comino).
En repostería se elaboran ensaimadas y *crespells* o mantecados. No hay que olvidarse del famoso queso mahonés (fresco, semicurado, curado o añejo).
En el apartado de bebidas destaca el *gin,* ginebra de tradición británica,

que mezclada con limonada se llama *pomada.* También se elaboran *herbes* (licor de hierbas) y el *palo* (a base de algarrobas). Por último, recordar que la mal llamada salsa mayonesa −en realidad mahonesa− tuvo aquí sus orígenes, siendo exportada bajo la dominación francesa a la metrópoli, haciendo las delicias de la corte de Luis XV.

› CASAS CON MENÚ (MENOS 15 €)

CA'N NITO (B3) **1**
Moll de Llevant, 15. Telf. 971 365 226. www.canitodelamarina.com
Uno de los preferidos en el puerto por su buena relación calidad/precio. Cocina marinera con especialidad en pescados al horno a la menorquina. Estupendo menú del día con gran variedad de platos que incluye pescados a elegir. Terraza en verano.

ITAKE (B4) ❷

Moll de Llevant, 317.

Telf. 971 354 570.

Local de ambiente desenfadado en el que se presentan platos variados para todos los gustos: ensaladas, avestruz, brochetas, arroces vegetales, gratinados o albóndigas de sepia. Cocina abierta hasta la madrugada.

LA TROPICAL (C2) ❸

Sa Lluna, 36.

Telf. 971 360 556.

Especialidad en paellas y platos de pescado. Gran surtido de tapas y excelente relación calidad-precio. Muy conocido y frecuentado por los habitantes locales.

ROMA (B3) ❹

Moll de Llevant, 295.

Telf. 971 353 777.

Pizzería de calidad que incluye también en la carta platos de carnes y pescados. Como entrantes recomendamos el *carpaccio* y las berenjenas a la parmesana.

Cierra los jueves al mediodía y los meses de diciembre, enero y febrero.

❭ RESTAURANTES (DESDE 30 €)

Alba (B3 ❺; Moll de Llevant, 298; telf. 971 350 606).

Pescados frescos, arroces y pastas a precios moderados en el agradable marco del puerto. También uno de los clásicos para el tapeo. Abre todo el año y en invierno cierra los martes.

Llevant (B3 ❻; Moll de Llevant, 302; telf. 971 361 605).

Restaurante griego del puerto, con una gran variedad de platos que van desde la ensalada griega y la *moussaka* a sofisticadas *brochettes*. Ambiente tranquilo y viveros propios. Otra vertiente más de la cocina mediterránea. Tras una discreta fachada en la parte alta de Maó se oculta uno de los restaurantes italianos de Maó.

Se trata de **Pilar** (B-C1 ❼; Forn, 61; telf. 971 366 817). Sencillo local con un romántico patio-comedor para las noches de verano.

El **Jardí Marivent** (B4 ❽; Moll de Llevant, 314; telf. 971 369 801). Hermoso local de dos plantas que ofrece hermosas vistas sobre el puerto, especialmente desde su terraza. Calderetas, arroces, pescados frescos y mariscos de Menorca. Especialidad en concha –de rape y gambas– gratinada y en perol de langosta con patatas. Todo ello puede ser acompañado con la buena selección de vinos de su bodega.

La Minerva (B3 ❾; Moll de Llevant, 87; telf. 971 351 995; www.restaurantelaminerva.com). Cocina basada en los mejores productos del mar, pescados, mariscos y arroces. Ocupa una antigua fábrica de harinas frente al puerto. Con el buen tiempo, se puede elegir mesa en la plataforma flotante y degustar la cocina mediterránea viendo pasar los barcos.

Club Marítimo (B3 ❿; Moll de Llevant, 292; telf. 971 351 372). Cocina menorquina, pero también con platos de cocina moderna e internacional bien preparados. En su bar-cafetería se puede desayunar tranquilamente hasta mediodía.

A 3 km de Maó, en Sant Climent se halla **es Molí de Foc** (Sant Llorenç, 65; telf. 971 153 222; www.esmolidefoc.es), rincón del buen comer instalado en las dependencias de un viejo molino. Cocina mediterránea donde se mezclan platos valencianos, ampurdaneses, franceses y menorquines. Especial apartado merecen los arroces y las carnes rojas y de caza, así como su interesante carta de vinos. Espacioso jardín para cenar en verano a la luz de las velas mientras se escucha música.

ES MERCADAL

> 5.408 HABITANTES

A los pies del monte Toro, en el centro de la isla, se halla la tranquila y encantadora población de es Mercadal. Alejada del turismo de masas y rodeada de un hermoso marco natural, es un placer deambular por sus plazas y callejas orilladas de blancas casas encaladas. A tan sólo 9 km se ubica el pequeño pueblo pesquero de Fornells, azotado por la tramontana y meca de la gastronomía menorquina; su caldereta de langosta tiene fama internacional.

INFO Y TRANSPORTES

> Ayuntamiento de es Mercadal
Carrer Major, 16. Telf. 971 375 002.
www.aj-esmercadal.org

> Oficina de Información Turística de Fornells
Casa del Contramestre. Forn, s/n.
Telf. 902 929 015.

> Autobuses
La compañía *TMSA (Transportes Menorca S.A.)* ofrece el servicio Maó-Ciutadella por Alaior, es Mercadal y Ferreries.

www.tmsa.es; telf. 971 360 475. *Autobuses Fornells* tiene servicio entre Maó y Fornells, entre es Mercadal y Fornells, de Fornells a S'Arenal d'en Castell, Son Saura y Cala Tirant, y de Maó a estos tres últimos destinos.
Telf. 686 939 246 y 696 925 808.
www.autosfornells.com

> Taxis
Parada en es Mercadal.
Telf. 971 375 027/ 367 111. Parada en es Migjorn Gran.
Telf. 971 370 071/ 370 105.

VISITA ■ Es Mercadal reúne en su término municipal algunos de los más pintorescos parajes menorquines.

PASEO POR ES MERCADAL
Podemos iniciar nuestro recorrido por los **carrers Nou** y **Major,** arterias principales y comerciales, para desembocar en la **Plaça Major.** Un rincón singular es el llamado **pont de Na Macarrana,** hermosa calle que se abre al Carrer Major con un puente cubierto. A través del carrer Forn se accede a la **plaça de l'Església,** donde podremos visitar la **iglesia de Sant Martí,** edificio del siglo XV posteriormente muy restaurado en el XIX. De estilo renacentista, consta de una sola nave con bóveda de cañón. Digno de visitarse es el *aljub* (aljibe), que se encuentra a la salida de la población en dirección a Ciutadella; es

conocido también como **cisterna d'en Kane,** nombre tomado del gobernador inglés que la mandó construir para abastecer de agua a la población. Desde aquí se obtiene una magnífica vista de es Mercadal, presidido por el magnífico paraje del monte Toro.

EL MONTE TORO Y ES MIGJORN GRAN
El *monte Toro* es, con sus 358 m de altitud, la máxima elevación de la isla y el centro geográfico de la misma. Se accede a él en coche o a pie por una carretera que parte de la misma población. Es, además, un importante centro de peregrinación; en él se encuentra el **santuario de la**

Compras

Mercadillo todos los jueves en el carrer Nou, en es Mercadal, los miércoles en la plaza de l'Església de es Migjorn Gran, y también los jueves (sólo en verano) en el carrer ses Roques de Fornells.

Para unos buenos zapatos de fabricación local hay que dirigirse a **Calçats Servera** (Metge Camps, 1), zapatería donde también pueden comprarse las avarques, típicas sandalias menorquinas fabricadas de forma artesanal.

Los golosos tienen cita en **Cas Sucrer** (Plaça, 1; telf. 971 154 144; www.cassucrer.es), confitería con especialidad en amargos, dulces elaborados a base de almendra, huevo y azúcar Se trata de una empresa familiar que elabora dulces de forma artesanal desde 1873.

En **Quesos y Embutidos Subaida** (camí de Binifabini, s/n; telf. 971 368 809; www.subaida.com) pueden degustarse y adquirirse sus quesos de D.O.P. Mahón-Menorca (horario del recorrido y degustaciones: de lunes a sábado, de 9.30 h a 12.30 h; horario de la tienda: de lunes a sábado, de 9 h a 15 h). En el recinto ferial de es Mercadal se ha instalado recientemente y de forma permanente el **Centre Artesanal de Menorca,** con una tienda que se ha convertido en el mejor lugar de la isla para adquirir artesanía menorquina con la etiqueta de "producte de qualitat". También acoge es Mercadal un **mercado artesanal,** todos los jueves de 19 h a 22 h, en verano, en la plaça Pare Camps, donde es posible hallar todo tipo de productos de artesanía menorquina: cerámicas, esparteria, forja, albarcas, ropa pintada y flores, todo ello amenizado con actuaciones musicales en directo y bailes populares.

Y si después de una buena caldereta de langosta aún quedan unos duros en el bolsillo, en Fornells puede visitarse **Blanc i Verd** (carrer de la Mar, 7) donde adquirir bisutería y cerámica de la isla.

Mare de Déu del Toro, patrona de la isla. La fiesta de la Verge del Toro se celebra el 8 de mayo. Se cuenta que la Virgen fue encontrada en el siglo XIII, inmediatamente después de la conquista catalano-aragonesa de Menorca. Conjunto fortificado y construido por los padres agustinos en el siglo XVI, con la típica arquitectura menorquina, sobresale por su esbelta torre cuadrada.

Actualmente, una comunidad de monjas franciscanas está al cuidado del santuario. Desde la cima, la excelente panorámica sobre la casi totalidad de Menorca está asegurada; en un día diáfano podremos ver también la silueta de la vecina isla de Mallorca. Preside la cumbre una enorme estatua del Sagrado Corazón de Jesús, ejecutada en 1949, y que conmemora los caídos menorquines en la guerra de Marruecos (1925). **Es Migjorn Gran** o **Sant Cristòfol** –núcleo separado de es Mercadal en el año 1989–, es una tranquila población en la que destaca la **iglesia de Sant Cristòfol,** del siglo XVIII, ubicada en el ***mont de Binicodrell,*** en el cual encontramos también restos de una taula. Desde es Migjorn Gran se puede acceder a las espléndidas ***playas*** de ***Binigaus, Sant Adeodat*** y ***Sant Tomàs.***

FORNELLS Y LA COSTA NORTE

Fornells es visita obligada en todo viaje a Menorca, no sólo por su reputada gastronomía –en la que destaca la caldereta de langosta–, sino también por su gracioso y blanco caserío ubicado en uno de los escasos abrigos naturales de la abrupta costa norte menorquina. A pesar de ser una población muy visitada, Fornells ha sabido conservar el encanto típico de un pueblo de pescadores.

En el siglo XVII, cansados ya sus habitantes de las incursiones piratas, decidieron levantar un castillo de defensa, alrededor del cual creció la población; todavía quedan algunos vestigios de aquella fortaleza. La **iglesia de Sant Antoni Abat** se construyó en los primeros años del siglo XIX sobre los cimientos de una anterior del año 1650. Como construcción interesante podemos visitar, en el **cap de Fornells,** una torre de defensa denominada **Sa Torre des Moro,** maciza y robusta; desde aquí se puede acceder a una bella cala, muy rocosa, *es Clot des Guix.*

El *cap de Cavalleria* es un impresionante y solitario promontorio rocoso al cual se accede después del desvío a cala Tirant. Situado a unos 100 m sobre el nivel del mar, el cabo es un largo brazo que penetra en el mar, un espolón de roca rojiza, agreste y con escasa vegetación; un paraje que sobrecoge el espíritu. Con un poco de suerte, entre otras rapaces, podremos contemplar desde aquí el vuelo de algún halcón peregrino o del águila pescadora, sin olvidarnos de las gaviotas y otras aves marinas que cruzan el cielo de este espectacular enclave. En el trayecto a cap de Cavalleria pasaremos por caseríos *(llocs)* entre los cuales destaca el **Lloc de Santa Teresa,** en el cual recomendamos estacionar el coche para visitar, en sus inmediaciones, las **ruinas de Sanisera,** antiguo poblado fenicio y ciudad romana. Si bien los fenicios dejaron escasos restos en la isla, sí fueron los primeros en darle nombre: *Nura,* que en lengua fenicia significa fuego; probablemente los marinos la bautizaron con este nombre por las hogueras que veían desde el mar; hogueras que prendían desde lo alto de los *talaiots* o desde otros reductos guerreros más inaccesi-

Fornells

bles. Denominado también **Port de Sanitja,** encontramos los restos de una necrópolis muy mal conservada y una basílica con diversas naves, difíciles de apreciar. Actualmente funciona aquí el **Ecomuseu del Cap de Cavalleria,** con tienda y bar, y en el cual se organizan periódicamente cursos y exposiciones (telf. y fax: 971 359 999; visita: de abril a junio y mes de octubre, todos los días de 10 h a 19 h; julio, agosto y septiembre, todos los días de 10 h a 20.30 h; www.eco-museodecavalleria.com). Desde el faro se disfruta de una de las vistas más impresionantes de esta agreste costa de Menorca.

Desde *cala Binimel.là,* enmarcada de pinos y sabinas, parte una senda que nos llevará a *cala Pregonda,* una de las más hermosas de la isla, con arenas doradas, aguas transparentes y unos islotes rocosos de curiosas y espectaculares formas. Ver también la ruta por **El centro de Menorca [pág. 24].**

DORMIR
EN ES MERCADAL

HOSTAL S'ALGARET**
Plaça S'Algueret, 7. Fornells.
Telf. 971 376 552 y 971 376 499.
www.hostal-salgaret.com
Habitación doble: 40-86 €.
Amplias y luminosas habitaciones con baño en las que entra a raudales el olor a mar de la bahía de Fornells. Abierto de marzo a octubre. Restaurante anexo.

HOSTAL RESIDENCIA JENI**
Miranda del Toro, 81.
Telf. 971 375 059. www.hostaljeni.com
Habitación doble: 50-98 €.
El único alojamiento dentro del casco urbano de es Mercadal. 36 habitaciones, todas amplias, pulcras y con baño. Restaurante con comidas caseras y menú del día. Abre todo el año.

PENSIÓN S'ENGOLIDOR
Carrer Major, 3. Telf. 971 370 193.
Habitación doble: 45-65 €, con desayuno.
Es Migjorn Gran, a 7 km de es Mercadal camino de la playa de Sant Tomàs. En Baleares es difícil conjuntar las tres bes de "bueno, bonito y barato". De bueno y bonito hay mucho, pero lo barato escasea. La pensión s'Engolidor es una honrosa excepción. Ofrece cuatro acogedoras habitaciones dobles. Además tiene un excelente restaurante de comidas caseras y una terraza-jardín con hermosas vistas al barranco que da el nombre a la fonda.

HOSTAL FORNELLS***
Major, 17.
Telf. 971 376 676.
www.hostalfornells.com
Habitación doble: 35-110 €.
Un acogedor hostal ubicado en pleno casco urbano de Fornells, a escasos dos minutos del puerto.

› OTROS HOTELES DE PRECIO MÁS ELEVADO

Cap Gross-Beach Club** (Son Parc, parcela H2; telf. 971 188 079; apartamento: 55-160 €). Complejo de apartamentos, rodeado de pinares y con vistas a la playa de Son Saura. En la carretera de Maó a Fornells, a unos 7 km de es Mercadal, el **Puig de sa Roca** (telf. 971 188 642; en temporada media: desde 55 €) es un hostal rústico situado en uno de los pulmones verdes de la isla. Sus habitaciones están decoradas en estilo colonial y cuentan con baño privado. Tiene piscina y bar-restaurante. Cierra en invierno.

Hotel Port Fornells** (Ses Salines; telf. 971 376 373; www.hostal portfornells.com; habitación doble: 66-116 €). 23 habitaciones confortables y bien decoradas, frente a la playa de ses Salines, a 1 km de Fornells. Piscina y amplia terraza rodeada de jardín.

COMER
EN ES MERCADAL

En cualquiera de los afamados restaurantes del puertecito de Fornells, el marisco o el pescado es excelente. Pero sin duda, la *caldereta de llagosta* es su máximo *exponente* de calidad; eso sí, habrá que prepararse a desembolsar una buena cantidad de dinero. Dos casas de renombre son **Es Cranc** (Escoles, 31; telf. 971 376 442) y **Es Pla** (Av. del poeta Gumersind Riera, s/n; telf. 971 376 655).

❭ CASAS CON MENÚ (MENOS 15 €)

MOLÍ DES RACÓ
Major, 53. Es Mercadal. Telf. 971 375 392. www.restaurantemolidesraco.com
Cocina menorquina en el marco de un molino visible desde la carretera. Son famosas sus cebollas rellenas de rape y los calamares a la menorquina.

JENI
Miranda del Toro, 81. Telf. 971 375 059.
Está ubicado en el hostal del mismo nombre, por lo que su clientela suelen ser los huéspedes del hostal y locales que conocen su buena, variada y económica cocina. Comidas caseras y menú del día.

❭ RESTAURANTES (DESDE 30 €)

Todo un clásico en Menorca es **Ca n'Aguedet** (Lepant, 30; telf. 971 375 391), en es Mercadal. Cocina menorquina refinada con recetas antiguas y modernas. Especialidad en caracoles con cangrejo y lechona de propia crianza. También los vinos de mesa son de cosecha propia. En la carretera de Maó a Ciutadella, **Ets Arcs** (s'Hort des Jurats, 24; telf. 971 375 538; www.etsarcs.es) ofrece cocina típica menorquina: caldereta de langosta, mariscada, lomo con col, conejo con cangrejo, berenjenas al horno y *oliaigua amb tomàtics*. Ubicado en una antigua casa de campo integrada hoy en el núcleo urbano de es Migjorn Gran, a 7 km de es Mercadal, se halla el **Restaurante 58** (s'Engolidor) (Major, 3; telf. 971 370 193). Su nombre hace referencia al antiguo número de la casa y a un hermoso barranco que discurre por las cercanías del pueblo. El restaurante forma parte de una pequeña fonda y ofrece comida casera menorquina con toques personales. Dispone de una pequeña terraza-jardín. En Fornells, **S'Algaret** (plaça s'Algaret, 7; telf. 971 376 674) es un clásico del puerto, algo así como una meca donde al menos una vez en la vida hay que ir a degustar la caldereta de langosta. Ubicado en un enclave privilegiado, el restaurante **Ca na Marga** (urbanización ses Salines; telf. 971 376 410; http://canamarga.com) nos ofrece los mejores platos de la cocina mediterránea y menorquina. Con una carta amplia en la que destacan las carnes a la brasa, de toda clase, las pizzas artesanas, las deliciosas y diferentes ensaladas, las berenjenas rellenas, el bacalao al alioli, así como los deliciosos postres caseros. A ello se une su extensa carta de vinos, tanto nacionales como internacionales. Cerrado desde noviembre hasta Semana Santa.

EL OESTE DE MENORCA

Al norte de Ciutadella hay tres lugares que merecen ser conocidos: Punta Nati, un cabo rocoso al final de un talud de relieve regular y de aspecto casi desértico cruzado por kilómetros de parets seques (paredes de piedras sin argamasa) que cuadriculan el paisaje, con acantilados de algunas decenas de metros frecuentados por gaviotas, cormoranes y pardelas; La Vall, con las playas de Algaiarens (acceso en vehículo previo pago) entre pinares y tamariscos, con una pequeña laguna y un bellísimo paisaje submarino; y Cala Morell, en la cual hay un importante conjunto de cuevas prehistóricas. Pero además, en las paredes rocosas de la cala se puede distinguir los diferentes suelos que conforman la isla a grandes trazos. Por una parte, las rocas oscuras procedentes de convulsiones geológicas muy primitivas; por otra, las rocas, sobre todo calizas, de movimientos más próximos. Cala Morell es, para el interesado, un museo al aire libre de geología.

Las playas del sur de Ciutadella —cala en Turqueta, cala Macarella y el arenal de Son Saura, entre otras— son las muestras más representativas del litoral sur de la isla, calizo y cruzado por barrancos. Estas bellísimas calas han sido objeto de una viva polémica. Visitadas en verano por numerosos ciutadellencs durante décadas, fueron luego apetecidas por empresas inmobiliarias. La oposición popular impidió su desarrollo urbanístico, y el Parlament Balear decretó al fin su total protección, señalándolas como áreas de especial interés natural y paisajístico.

Finalmente, se propone un recorrido por algunos de los poblados talayóticos más importantes de la isla: Son Catlar, la Naveta des Tudons, Torrellafuda y Torretrencada.

LAS PLAYAS DEL NORTE DE CIUTADELLA

❱ **Ciutadella [pág. 32].** El presente itinerario es más breve. Ciutadella centra nuestro camino y nuestra atención. La capital medieval de Menorca es acogedora y amable, como su gente. La ciudadela aún conserva, ahora sin murallas, los viejos palacios de las casas nobles menorquinas, las de más solera y arraigo. Mientras los ingleses, más prácticos, ocupaban Maó y la convertían en capital, la Iglesia y el estamento nobiliario menorquín se aferraba tenazmente a sus tradiciones y se refugiaba en Ciutadella.

❱ Se accede a **Punta Nati** por la carretera señalizada que cruza el *barranc* cuya desembocadura da al puerto de Ciutadella. Hay que pasar, pues, al otro lado del puerto, bien siguiendo Sa Contramurada hasta el final, en el punto donde permanece el último bastión de la antigua muralla, el **bastió de Sa Font,** o bien cruzando por Sa Colàrsega del puerto. El camino entonces es recto

y solitario, aunque pasaremos cerca de algunos *llocs* (caseríos) como el de **ses Truqueries** o el de la **Torre Vella.**

Durante todo el trayecto se pueden ver a un lado y otro de la carretera cerrada entre paredes las curiosas construcciones de piedra seca que dan cobijo al ganado en días de mal tiempo: las *barraques* (casetas) y los *ponts*, algunos con apariencia oriental, de pisos superpuestos. En Punta Nati es difícil encontrar un lugar donde tomar un baño, porque la costa es en todo lugar muy accidentada y rocosa, incómoda. El paisaje es sobrecogedor por su soledad y áspera belleza.

❱ En **Algaiarens,** por el contrario, bañarse es siempre un placer, uno de los mejores lugares en una isla con excelentes playas, aunque la arena es algo oscura. En su laguna rodeada de tamariscos, pistacias y pinos blancos hay tortugas de agua y aves acuáticas. Para llegar a Algaiarens o La Vall y a Cala Morell hay que tomar el mismo camino

Punta Nati

De arriba abajo, cala es Talaier, ermita de Sant Joan de Missa y naveta des Tudons

desde la rotonda de salida de Ciuta-della hacia Maó, pasando por el polígono industrial, a la izquierda, hasta una bifurcación también señalizada.

❱ **Cala Morell.** Por la izquierda de esta bifurcación se va a Cala Morell por camino asfaltado. Fue esta una de las primeras y más clásicas urbanizaciones de Menorca, con una pequeña playa y espléndidos fondos marinos en los alrededores, aptísimos para el buceo. En el camino (3 km) pasaremos junto al *lloc* de la **Torre d'en Quart,** un caserío con una torre de defensa adosada. Desde la bifurcación citada y por la derecha, el camino, ya sin asfaltar, polvoriento, conduce hasta **La Vall d'Algaiarens,** donde dejaremos el coche en un aparcamiento. En realidad son dos *playas*: es *Tancats* y es *Bots,* espléndidas. Hacia oriente, por fin, la costa se vuelve impracticable y brava. Su topónimo local así lo indica: **Sa Falconera,** tierra de halcones.

EL SUR

❱ **Cap d'Artrutx.** Si Punta Nati es el extremo norte de la costa de Ciutadella, el *cap d'Artrutx* es el extremo sur. Se accede a Artrutx por una carretera señalizada en la rotonda de salida de Ciutade-lla hacia el sur. En el trayecto se pasa cerca de un pequeño espacio natural protegido: **s'Olivaret,** que puede recorrerse a pie por el **camí de Cavalls,** en la misma costa, una zona importante para las aves paseriformes migradoras. Aunque rodeado por una urbanización, el cap d'Artrutx es un lugar muy apacible para dar un paseo a la puesta del sol. En días de tempestad, sin embargo, las olas rompen con violencia y crean nubes de espuma en sus rocas bajas que luego caen sobre la carretera y los chalés más

próximos al mar. En días de calma se puede divisar la línea de costa del sur ciudadelano, e incluso de Ferreries y es Mercadal, muy a lo lejos. El blanco dorado de los arenales contrasta con el verde brillante de los pinares y el más oscuro de los acebuchares. Frente al cap d'Artrutx, la silueta de la isla mayor del archipiélago balear: Mallorca.

❱ **Son Saura.** Desde la misma rotonda a la salida de Ciutadella, los letreros señalan la ruta hacia las bellas playas del sur ciudadelano. Pasando por la **ermita de Sant Joan de Missa** (siglo XIV), punto de salida de los festejos de Sant Joan, en el crepúsculo del 23 de junio, viejas carreteras permiten acercarse a las protegidas playas del *arenal de Son Saura* (a 11 km), con sus dos tramos de finísima arena blanca y aguas cristalinas inolvidables: *Banyuls* y *Bellavista;* a *cala en Turqueta* (a 12 km), de aguas de color esmeraldino; a *cala Macarella* (a 13 km). En todas debe pagarse un peaje si se quiere llegar hasta los aparcamientos habilitados relativamente cerca de las playas; a pie o en bicicleta el acceso es gratuito. Acudir a ellas a primera hora –las barreras suelen abrirse a las diez de la mañana– permite conocer una playa mediterránea en perfecto estado de conservación. Desde Son Saura se llega a pie en unos 10-12 minutos a la más pequeña playa de *cala Talaier,* pasando cerca de una atalaya o torre de defensa del siglo XVIII, **talaia d'Artrutx.**

POBLADOS TALAYÓTICOS

❱ **Son Catlar.** El mismo camino al bello arenal de Son Saura y otras playas del sur de Ciutadella lleva hasta el tal vez más extenso poblado talayótico de Menorca:

Son Catlar (a unos 18 km de la ciudad). Se trata de un conjunto singularmente amurallado con cinco *talaiots* no muy grandes, algunos de ellos plantados en puntos estratégicos de la muralla pétrea como torreones de defensa del poblado.

La **muralla,** desde la carretera, impresiona por su rústica factura. Mide aproximadamente un kilómetro, y encierra las 6 ha del yacimiento. Hay en él un recinto de taula, galerías y un enterramiento subterráneo. Se supone que dejó de habitarse en la época romana. Una advertencia: como recorrer el poblado ocupa algún tiempo, se aconseja a los visitantes que no dejen nada de valor en sus vehículos.

Naveta des Tudons, Torrellafuda y Torretrencada son otros monumentos arqueológicos del municipio de Ciutadella que no deben olvidarse. Se llega al recinto de la **Naveta des Tudons,** el más emblemático de los monumentos prehistóricos menorquines, junto con las taules, por la carretera de Ciutadella a Maó, perfectamente señalizado a la derecha, y con aparcamiento adyacente. La naveta es un singular edificio, esbelto, casi gracioso y delicado, muy bien restaurado por los arqueólogos, que no dudan en calificarlo como una de las construcciones humanas más antiguas. La naveta presenta forma de embarcación volteada, con un portal de acceso a los dos pisos superpuestos, destinados a usos funerarios.

Cap d'Artrutx

❭ **Torretrencada**. Sucesivamente se encuentran los desvíos a los yacimientos de **Torretrencada** (a 7 km de Ciutadella, en el km 39 de la carretera PM 721), cuya taula tiene una pilastra que la soporta; y **Torrellafuda** (a 2 km del anterior yacimiento, en el km 37,2), con un imponente *talaiot,* cuevas y una pequeña taula.

Parada y fonda

Morvedrà Nou
Camí Sant Joan de Missa, km 7.
Telf. 971 359 521.
www.morvedranou.es
Hotel rural de cuatro estrellas instalado en una antigua casa de campo, situado a 7 km de Ciutadella y a 7 km de cala en Turqueta. Ofrece 17 habitaciones dobles muy bien equipadas, gran jardín y piscina. Restaurante de cocina menorquina. Actividades de aire libre como senderismo, excursiones a caballo, submarinismo...
Habitación doble: 113-215 €.

SANT LLUÍS

> 7.377 HABITANTES

Sant Lluís fue fundada durante la breve ocupación de la isla por los franceses. En su blanco caserío adornan el paisaje urbano algunos molinos cuyas velas fueron hinchadas otrora por la tramontana. Pertenecen a su municipio algunas calas y playas –s'Algar, Punta Prima, Binibeca– frecuentadas fundamentalmente por los isleños y los turistas españoles.

INFO

> Oficina de Turismo
Sant Lluís, s/n. Telf. 971 151 084.
www.ajsantlluis.org
> Oficina de Información Turística del Aeropuerto
Terminal de llegadas.
Telf. 971 157 115.
Facilitan algunos folletos sobre la población en el **Museu Etnològic del Molí de Dalt.** Sant Lluís, 4.

TRANSPORTES

> Autobuses
13 servicios diarios entre Sant Lluís y Maó de las 7.30 h a las 20 h. Varios autobuses diarios entre Maó y las calas de s'Algar, Alcaufar, Punta Prima y Binibeca.

Compañía *TMSA (Transportes de Menorca, S.A.).* Telf. 971 360 475.
www.tmsa.es
> Taxis
Radio Taxi Asociació de Taxis Sant Lluís
Telf. 971 367 111.
> Alquiler de automóviles
S'Algar Rent a Car
S'Algar, 253; S'Algar.
Telf. 971 150 919.
www.rentacarsalgar.com
Europcar Ibérica, S.A. Pg. Marítim de Biniancolla y Mitgera de Punta Prima. Telf. 971 159 123/ 382.
Autos Menorca S.A.
Mestral de Punta Prima, 16.
Telf. 971 360 582.
www.autosmenorca.com

VISITA ■ Esta pequeña localidad ofrece la posibilidad de pasear por sus calles y de disfrutar de sus calas próximas.

CASCO URBANO DE SANT LLUÍS

La población, con un trazado urbanístico regular típicamente francés, se estructura alrededor del carrer de Sant Lluís, arteria principal, donde se concentra toda su actividad económica y social. La **iglesia de Sant Lluís,** ubicada en esta misma calle, de estilo neoclásico, fue construida en el año 1783, blanca como la mayoría de las casas de la villa; ostenta en su fachada tres **escudos:** el del rey de Francia Luis XV, el del conde de Lannion (gobernador francés

de la isla nombrado en 1759) y el del intendente Antoine de Causan. El escudo real de Francia lleva la siguiente inscripción: *Divo Ludovico Sacrum dedicavere galli* (a San Luis dedicaron este templo los franceses). Hasta el año 1936, en que fue destruida en el transcurso de la guerra civil, esta iglesia custodiaba uno de los mejores cuadros que poseía la isla; se trataba de un lienzo del pintor Eustaquio Le Sueur en el cual se representaba al santo rey en oración ante una imagen de la Virgen. A su interés artístico se unía el histórico, ya que

Compras

Son muy curiosas las artesanías de **Pedro Pons** (Binirramet, 38; telf. 971 151 153) quien elabora piezas en ullastre (acebuche u olivo borde).

En el pequeño núcleo de Binissafúller se halla la tienda de **Arqueoart** (Xaloc, 107; telf. 607 900 886), en la que venden reproducciones y recreaciones de objetos arqueológicos en bisutería. Para otro tipo de gustos, también debe saberse que en Sant Lluís se halla el **Museo Elisa** (ctra. Maó-Sant Lluís, km 3,5), centro de exposiciones y tienda de la conocida marca de piezas de porcelana Lladró.

Mercado los lunes y miércoles en el Pla de Sa Creu.

Los vinos de Menorca eran hasta hace poco inexistentes, pero es precisamente en Sant Lluís donde se ha instalado recientemente la única bodega productora, **Bodegas Binifadet** (ses barraques, s/n; telf. 971 150 715), ubicada en un moderno edificio rodeado de viñedos. Realizan catas y degustaciones gratuitas (visita: todo el año, de lunes a sábado de 10 h a 14 h y de 16 h a 20 h).

Iglesia de
Sant Lluís

esta pintura perteneció al cardenal Richelieu, más tarde a su sobrino el mariscal y, finalmente, a la recién fundada población de Sant Lluís.

La **Casa del Gobernador,** situada en la carretera que viene de Maó, es un edificio de estilo colonial con cierto aire decadente. Otro de los edificios destacables es el **Molí de Dalt,** molino harinero que funcionó hasta el año 1949, cuando fue derribado en parte por una fuerte tramontana. Actualmente alberga el **Museu Etnològic del Molí de Dalt** (carrer de Sant Lluís, 54; telf. 971 151 084; visita: de mayo a octubre, de lunes a sábado de 10 h a 14 h y de 17 h a 20 h; de noviembre a abril, de lunes a viernes de 10 h a 14 h y sábado de 10 h a 13 h).

Reconstruido hace algunos años siguiendo los planos originales, en este museo se puede contemplar una curiosa e interesante muestra de herramientas del campo, y realizar un recorrido interior por el molino para conocer este tipo de artilugio y su mecanismo de funcionamiento.

CALAS PRÓXIMAS A SANT LLUÍS

En los alrededores de Sant Lluís se encuentran algunos centros turísticos muy conocidos. Distintas carreteras radiales parten del núcleo urbano hacia la costa. En su recorrido se pasa por bellos **caseríos** que mantienen toda la esencia de la arquitectura rural menorquina,

como los de **Torret** y **s'Ullastrar,** este último el más sobresaliente.

La *playa de Binisafúa,* o Binissafúller, es una de las más bellas de la isla, con casas de pescadores y *llaüts* (típicas barcas de Baleares) meciéndose en las aguas, lo que le otorga un encanto muy peculiar. Muy cerca de aquí se encuentra **Binibeca**, famoso centro turístico edificado en el año 1972, que reproduce un antiguo puerto de pescadores; en sus callejuelas empedradas se suceden sencillas casas encaladas de arquitectura respetuosa con la tradición popular.

Alcaufar está a 3,5 km al este de Sant Lluís; es también un antiguo puerto de pescadores ubicado en una pequeña y hermosa cala. En **Punta Prima** destaca una torre de defensa del siglo XVIII, la **torre de Son Ganxo,** convertida en albergue juvenil; su playa es de fina arena blanca. Desde Punta Prima se puede realizar una excursión marítima hasta la *illa de l'Aire,* situada frente a la costa; con cerca de 1,5 km de longitud, sobresalen su faro y sus hermosos fondos marinos.

A la *cala Rafalet,* pequeña, estrecha pero hermosísima, de aguas especialmente transparentes, se accede por la carretera que conduce de Sant Lluís a Alcaufar, tomando el desvío de s'Algar.

Ver también la ruta por **El este de Menorca [pág. 49].**

En la página anterior, puerto de Alcaufar. En esta página, dos edificios emblemáticos de Sant Lluís: el Molí de Dalt y el Ayuntamiento. Abajo, a la izquierda, la torre de Binifadet

DORMIR
EN SANT LLUÍS

No hay alojamientos en el casco urbano de Sant Lluís. Hay que buscarlos en sus playas, aunque éstos, en temporada alta, tienen precios que oscilan entre los 80 y los 120 €. Para hospedaje más económico aconsejamos alojarse en las vecinas poblaciones de Maó y es Castell.

Así, en Punta Prima abre sus puertas de abril a noviembre el **Hotel Barceló Pueblo de Menorca***** (telf. 971 159 070; www.barcelo-pueblomenorca.com; habitación doble: desde 150 €).

En la urbanización s'Algar están el **Hotel San Luis****** (telf. 971 150 750; www.salgarhotels. com; habitación doble: desde 130 €) y **Hotel s'Algar****** (telf. 971 151 700; www.salgarhotels.com; habitación doble: desde 140 €). Con zona de Spa.

El **Hotel Xaloc Playa***** (carrer Major, 21; urb. Punta Prima; telf. 971 159 120; www.xaloc.com; habitación doble: 60-135 €) es otra interesante opción en Punta Prima, situado a escasos metros de la playa.

Hotel Son Tretze (camí de Binifadet, 20; telf. y fax: 971 150 943; www.sontretze.com; habitación doble: 86-138 €). Una antigua casa muy bien reformada, siguiendo la tradición menorquina. Es el único hotel en el casco urbano (a la salida de éste) que hay en Sant Lluís. Es una muy buena opción. 8 habitaciones, piscina y jardín.

La noche

En un pueblo tan pequeño como Sant Lluís y a la vez tan cercano a Maó – localidad que acapara la noche menorquina– no hay grandes posibilidades de diversión. Los jóvenes se reúnen en la **Bodega Sant Lluís** (Sant Lluís, 76-baixos, frente a la plaza de la iglesia; telf. 971 150 229) a tomar una copa o a jugar una partida de billar. El local está abierto a partir de las 18 h.

COMER
EN SANT LLUÍS

❯ CASAS CON MENÚ (MENOS 15 €)

LA RUEDA
Sant Lluís, 30. Telf. 971 150 349.
www.restaurantelarueda.com
Bar de pueblo que goza de fama en toda la isla por la calidad y abundancia de sus tapas y comidas. La carta es variada en carnes, arroces y algunos platos de la cocina menorquina, como la sepia con guisantes. Cierra en noviembre y los martes no festivos. Precios económicos.

CLUB NÁUTICO DE BINISAFÚA
Passeig de la Mar, s/n.
telf. 666 957 414.
www.nauticobinisafua.es
Bar de ambiente marino y popular frente a un pequeño embarcadero.

Tapas y comidas sencillas a base de mariscos y pescados recién sacados del mar. Se ubica en la carretera costera entre Binibeca y Binisafúa.

RESTAURANTE ADRIÁN
Cala Biniancolla, 31.
Telf. 971 159 053.
www.restaurante-adrian.com
En un entorno amable, muy tranquilo, se encuentra este restaurante de cocina casera menorquina. Es un local familiar, sencillo, pero en el que demuestran buena mano en la cocina.

❯ RESTAURANTES (DESDE 30 €)

Pan y Vino (camí de la Coixa, 3; telf. 971 150 201) es un recoleto restaurante ubicado en una casa de campo de 200 años de antigüedad en el corazón del caserío de Torret. Platos típicos de la isla y platos del día incluyendo cocina vegetariana con verduras y hortalizas frescas. Una cuidada selección de vinos se suma a la cocina creativa en un ambiente de varios comedores y una terraza cubierta por *bruc* (brezo). Sólo noches; en temporada baja cierra los martes.

El **Bar-Restaurante Binisafúa Mel** (centro comercial Binisafúa Platja; telf. 971 151 869) ofrece cocina menorquina tradicional; la especialidad es la *llagosta amb ceba* (langosta con cebolla).

La Caraba (s'Uestrà, 78; Caserío de s'Ullestrar; telf. 971 150 682) es un restaurante de comida local ubicado en una antigua casa rural con una hermosa decoración. Cerrado en invierno.

El
contexto

UN POCO DE HISTORIA

LOS PRIMEROS POBLADORES

Los aproximadamente 700 km² de Menorca han sido testigos de una intensa historia. Tal vez por ello sus casi 70.000 habitantes viven hoy sin querer sobresaltarse, recibiendo con respeto a los visitantes y acogiéndolos con esa mezcla tan mediterránea, siempre desconcertante al principio, de frialdad y afabilidad. Hay un sólido poso para explicar esta conducta. Menorca fue habitada hace por lo menos 4.000 años; existen enigmáticas pruebas de presencia humana anterior, por ejemplo, en el barranc de S'Algendar, en la llamada Cova Murada, sin que pueda conocerse el origen de estos primeros visitantes esporádicos.

Restos más fidedignos indican que en el 2000 a.C. el ser humano habitaba la isla de modo permanente. Lo prueban las cuevas de vivienda en Calescoves (o Cales Coves) o los enterramientos, también en cuevas, de Cala en Forcat o de Cala Morell. Seguramente Menorca fue visitada antes, quizás en el 4000 a.C., aunque no queda constancia arqueológica que pueda probarlo categóricamente.

LA CULTURA DE LAS PIEDRAS

Hacia el año 1400 a.C. florece la llamada cultura talayótica, cuyos abundantes restos, que nos sorprenden casi a cada paso, definen una de las notas típicas del paisaje de la isla. El *talaiot* –nombre en realidad despectivo en lengua catalana– es una torre de estructura troncocónica, con base unas veces casi circular y otras casi cuadrada, construida con grandes piedras sobre las cuales se montaba un techo de ramas y troncos, probablemente de sabina o de acebuche. Su función aún se discute: habitación, almacén, lugar de reunión y de ritos mágico-religiosos... o simplemente torre de observación y defensa, puesto que los *talaiots* suelen estar levantados en oteros que permiten el dominio de un amplio panorama. Parece ser que esta última era la

La leyenda des tudons

Aún hoy fascinan a los habitantes de las Baleares los relatos legendarios que forman parte de su literatura oral. Ello es debido, tal vez, a que día a día van desapareciendo las tradiciones que hasta ahora y con veneración se habían conservado en las islas, singularizando su espacio y su cultura.

Menorca es también una tierra de leyendas. El encuentro de la Verge de El Toro es una de ellas y cuenta que un resplandeciente rayo de luz celeste señaló a unos buenos frailes el lugar exacto donde se emplazaba la imagen de la Virgen, hoy patrona de la isla; hasta ella llevó a los hombres un enorme y bravo toro, milagrosamente amansado por intervención divina.

La naveta des Tudons, otro símbolo menorquín, ya restaurado, tiene también su leyenda; en este caso el tema central es la rivalidad entre dos pretendientes. Ambos deseaban a la misma mujer y el padre de esta les obligó a realizar una prueba singular. Uno debía construir un gran edificio con piedras descomunales; el otro, cavar un pozo muy profundo hasta encontrar agua. Al ver el primero de ellos que su competidor terminaba el pozo, lanzó sobre su cabeza la última piedra que transportaba hacia su obra; es por ello por lo que se dice que falta una laja en el frontis de la naveta.

También la Cova d'en Xoroi –transformado en un lugar de ocio nocturno– tiene su leyenda, que sin duda alguien narrará al visitante entre trago y trago de *gin*.

A la izquierda cuadro que representa Ciutadella rodeada de murallas y su puerto, a la derecha, interior de la Naveta des Tudons

función de los *talaiots* del poblado de Torre d'en Gaumés.

Hay una colección de soberbios *talaiots* en Menorca (y también en Mallorca, que comparte esta cultura; pero curiosamente no en Eivissa ni en Formentera): Cúrnia, Torelló y Trepucó (en el término de Maó); Torrellafuda, Torretrencada y son Catlar (en el término de Ciutadella); Torralba d'en Salord y Torre d'en Gaumés (en el término de Alaior); y otros muchos.

Taules y navetes

Pero, además, la cultura talayótica ha producido otras construcciones interesantísimas, que los menorquines llaman en general *antigots* o *antigors* (del catalán *antic,* antiguo): las singulares *taules* cuyo uso aún es objeto de especulaciones que van desde lo religioso hasta lo esotérico. Las *taules* constan de un recinto de forma generalmente absidal, en cuyo centro se encuentran dos grandes piedras rectangulares, una de ellas colocada horizontalmente sobre otra vertical, erecta en el suelo, formando ambas una monumental "T".

Las *navetes* (diminutivo del catalán *nau,* nave) son construcciones de piedra semejantes a los *talaiots,* pero con la forma de una nave invertida. Probablemente estaban destinadas a usos funerarios. Las salas hipóstilas son excavaciones de habitación, funerarias o de almacén, normalmente rodeadas de recintos de piedra a modo de muralla protectora. Y las cuevas, funerarias o de habitación.

La más espléndida de las *navetes* es la llamada dels Tudons, muy cerca de Ciutadella, sorprendente por la gracia y delicadeza de sus formas; otras están en el predio del Rafal Rubí, en el término de Maó, más groseras.

Las mejores *taules* son las de Torretrencada (Ciutadella), Talatí de Dalt (Maó) y la del conjunto de Torralba d'en Salord (Alaior), aunque hay otras que merecen ser contempladas. Se han encontrado unos treinta recintos de taula, pero sólo media docena de ellos con la taula en pie. Las cuevas de Cala Morell (Ciutadella), de Calescoves y de Cala en Porter (Maó), usadas principalmente como sepulcros, muestran aún restos del humo que producían los hogares de sus primitivos pobladores, pues también se usaron como habitación en algunos casos. Alguna de estas cuevas incluso ha sido usada hasta tiempos muy recientes, tanto por menorquines que las mantenían por tradición como lugar de almacén o de veraneo (Cala Macarella), o por *okupas* necesitados de un lugar donde vivir sin presión económica.

LA ROMANIZACIÓN

Los romanos ocuparon las Baleares en el 123 a.C., comandados por Quinto Cecilio Metelo. Se sabe que romanos y pobladores talayóticos convivieron durante mucho tiempo. De hecho, sus poblados, por ejemplo los de Torre d'en Gaumés y de Torralba d'en Salord, siguieron usándose hasta la Edad Media. Pero hay pocos restos arqueológicos de la presencia romana en Menorca. Un tramo de calzada relativamente bien conservada en el puig de Santa Àgueda (Ferreries) es el más notable. Los historiadores romanos citan tres ciudades en la isla: *Mago, Maghen* o *Magon* (la actual capital, Maó), *Jamma* o *Jamnona* (hoy, Ciutadella) y Sanisera, cuyos restos se suponen en los aledaños del lugar llamado hoy en día Sanitja, junto al imponente cap de Cavallería, en el norte del término de es Mercadal. Se ha barajado la hipótesis de que Sanicera, al encontrarse muy próxima al mar, fuera un puerto relativamente importante en aquel tiempo. Hay quien cree que alguna parte de esta vieja población pueda estar sumergida. Más y mejores restos proceden

Relieve en piedra
en Binibeca

El acta de Constantinoble

Cada 9 de julio se lee en el Salón de Actos del Ayuntamiento de Ciutadella un antiguo documento de notable valor histórico, y emotivo para sus habitantes: el Acta de Constantinoble. Este documento recoge la versión que en su día hicieron de la desgracia de Ciutadella algunos hombres notables. En el año 1558, en el mes de julio, 15.000 otomanos atacaron la ciudad, devastándola tras siete días de feroz asedio, y fuerte resistencia de sus habitantes. A aquellos siguieron tres días más de asesinatos, robos y violaciones.

Finalmente, los turcos tomaron cientos de cautivos y se los llevaron a la capital de su imperio. Fue en uno de estos calabozos donde el notario Pere Quintana, por orden del que fuera gobernador de Ciutadella en aquellos tiempos, Bartomeu Argimbau, prisionero también junto al capitán de las escasas tropas ciudadelanas, Miquel Negrete, tomó de sus relatos orales acta de lo sucedido.

En 1564, un fraile de Alaior consiguió el rescate de los supervivientes del encierro, que en su viaje de regreso sufrieron el abordaje de piratas argelinos y de nuevo tuvieron que padecer cautiverio por unos años más. El Acta está datada el 7 de octubre de 1558, y permaneció ignorado hasta 1620. Una edición paleográfica transcripta al catalán y al castellano, con un estudio preliminar, puede en la actualidad encontrarse en bibliotecas y librerías. También otro documento fue rescatado en Estambul: el *Llibre Vermell* o de los *Privilegis,* que contiene la legislación y franquicias que los primeros reyes cristianos otorgaron a los habitantes de Ciutadella, tras la reconquista.

de los primeros cristianos de la isla. En la illa d'en Colom, en la playa de Son Bou y en la isla del Rei en el Port de Maó, por ejemplo, quedan los de sendas basílicas paleocristianas. La de Fornàs de Torelló (Maó) conserva un mosaico muy interesante.

LOS ÁRABES Y LA CONQUISTA CATALANA

Menorca pertenecía al emirato de Córdoba en el año 903. Por el Tratado de Capdepera (1230), fue tributaria del rey Jaume I –que conquistó la vecina Mallorca en 1229–. Debe recordarse aquí que las dos islas están muy cercanas, apenas separadas por un canal marino de sólo 40 km. No quedan casi restos árabes en Menorca, tal vez los muros del castell de Santa Àgueda.

Los conquistadores cristianos, que dominaron la isla en el año 1287 bajo el mando del rey Alfons III, transformaron completamente viviendas y mezquitas. El rey cristiano dividió la isla en *cavalleríes* (caballerías), cuyos señores debían prestar el rey como vasallaje, en caso de necesidad, un hombre a caballo y otros a pie. Se crearon en este tiempo las viejas y añoradas instituciones de gobierno local, favorecedoras de un derecho propio, muy beneficioso para los isleños: las *Universitats,* que pervivieron hasta el siglo XVIII. Tras la Guerra de Sucesión, el Decreto de Nueva Planta, consecuencia del gobierno más centralista de los Borbones, impuso una nueva organización del Estado.

Menorca vivió durante la Edad Media y parte de la Moderna sometida a pestes, revueltas campesinas y saqueos de piratas berberiscos y turcos, los más sangrientos de los cuales fueron el de Maó en 1535 y el de Ciutadella en 1558, que se conmemora anualmente como fiesta local. Felipe II, entonces rey de las Españas, propuso abandonar la isla y despoblarla ante tanto ataque, proyecto que no llegó a realizarse. Menorca vivió de su lana, de sus tejidos y, sobre todo, de sus navíos.

EL PORT DE MAÓ

A mediados del siglo XVI se levanta en una de las orillas del Port de Maó el primer fuerte de defensa, el fort de Sant Felip, siguiendo el proyecto de Juan Bautista Calvi, muy cerca del actual es Castell, mandado construir para cubrir las necesidades de alojamiento de los soldados del fuerte. Y es que el puerto de Maó era el lugar estratégico de Menorca, de las Baleares y aun del Mediterráneo occidental más reconocido, y deseado, en toda Europa. En el Mediterráneo tal vez no había ningún otro de sus características: 6 km de largo por 1,5 km de ancho y una profundidad de hasta 30 m para albergar un número considerable de navíos, y arrimar a sus orillas los imprescindibles astilleros y almacenes.

Los ingleses se hicieron con él en 1708, y su dominación militar fue ratificada políticamente por el Tratado de Utrecht, muy desfavorable para España. La proverbial astucia inglesa actuó inmediatamente: mantuvo las instituciones locales de gobierno, permitió el uso de la lengua propia de los insulares, realizó proyectos de mejora económica y, especialmente, cambió la capitalidad de la isla, que pasó de Ciutadella a Maó (1722). En la primera tenían su casa y sede la nobleza insular y la Iglesia, representantes del viejo orden casi feudal que imperaba en la isla por aquel entonces; en la segunda vivían los comerciantes, navieros, constructores de barcos, etc., más abiertos al comercio y a las ya incipientes formas de organización social moderna. En Ciutadella se mantuvo la esencia cultural y tradicional; en Maó se reforzó la innovación. Aun hoy en día esa diferencia se percibe en la estructura urbana y en el modo de vida de ambas ciudades.

LA DOMINACIÓN INGLESA

Los menorquines guardan muy buen recuerdo del primer gobernador inglés, Richard Kane, y del periodo de dominación inglesa; recuerdo que, por otra parte, se manifiesta en muchos aspectos de la vida local: palabras inglesas usadas habitualmente, elementos de la construcción local, cultivos, un afán de ciencia y cultura que no es compartido por las otras islas del archipiélago balear,

etc. Los proyectos de Kane, en concreto, animaron la vida económica de la isla: promovió el cultivo de la *zulla* para desarrollar la cría del ganado vacuno; construyó la magnífica cisterna de es Mercadal; trazó el camí d'en Kane, base de la actual carretera de comunicación entre Ciutadella y Maó, en ambos extremos de la isla. Otros gobernadores, en cambio, fueron personajes mediocres y corruptos, que sólo provocaron descontento y frustración. Frente al fuerte de Sant Felip, los ingleses construyeron el llamado de Marlborough (que fue llamado Mambrú en las canciones

Castillo de San Nicolás en Ciudadella

populares de sus enemigos franceses y españoles). La primera dominación inglesa duró hasta 1756, y le sucedió la francesa hasta 1763. La villa de Sant Lluís, trazada casi con tiralíneas, procede de una decisión urbanística gala. El Tratado de Fointenebleau devolvió Menorca a Inglaterra hasta 1782, cuando tuvo que rendirse a España. Posteriormente hubo una última dominación inglesa de Menorca, entre 1798 y 1802 (Tratado de Amiens).

LOS ÚLTIMOS TIEMPOS

En los siglos XIX y XX, Menorca ha vivido, en cambio, sometida al provincianismo impuesto por un estado central muy descuidado con su periferia, especialmente cuando esta no aportaba grandes beneficios a sus arcas. Menorca, como todas las Baleares, tuvo que vivir de una agricultura de subsistencia, de la labor de sus viejos gremios e incluso de la práctica del corsarismo. Padeció también la siempre triste emigración. Hay nombres menorquines en Argel, en Florida, en Francia, en América del Sur. Los astilleros menorquines, que habían sido reconocidos mientras estuvo la isla en manos inglesas, perdieron fama y trabajo. Proyectos agrícolas fracasaron por falta de capital o a causa de plagas, como ocurrió con el cultivo de la vid.

Las primeras industrias se mantuvieron gracias a factores circunstanciales. Es el caso de La Maquinista Naval, que fabricaba motores; La Industrial Mahonesa, que elaboraba cotizados tejidos con las materias primas que transportaban los barcos que debían pasar la cuarentena en el puerto de Maó; y la sorprendente manufactura de portamonedas de plata, que producía decenas de miles de unidades anuales y empleaba a más de 3.000 trabajadores.

Tal vez porque siempre ha tenido una personalidad muy propia y diferenciada de las otras Baleares, Menorca supo industrializarse más y mejor: calzado, tejidos, cueros, productos lácteos (queso, a partir sobre todo del primer tercio del siglo XX)... Y supo sacar también provecho de su estratégica ubicación: hasta hace poco, tropas españolas han tenido acuartelamientos sobredimensionados en Menorca (por suerte, las zonas de la costa ocupadas por los militares gozan de una protección paisajística prácticamente total). Parte del puerto de Maó fue arrendado a los Estados Unidos como base para las escaramuzas de la flota americana en las costas de Argelia. Menorca, pues, es singular, distinta: incluso se decantó por la República en la Guerra Civil (1936-1939), en contra de lo que sucedió en Mallorca o en Eivissa, hecho que causó posteriormente no pocas represiones y abusos.

Lo cierto es que Menorca tuvo y mantiene aún una economía mucho más equilibrada que Mallorca o que Eivissa y Formentera, que dependen casi exclusivamente del mercado turístico y sus vaivenes. Por ello, Menorca conserva intactos espléndidos paisajes costeros, además de su imagen rural, con una costa todavía no masificada. El turismo llegó relativamente tarde, lo que ha favorecido una más extendida conciencia sobre las bondades de proyectar un desarrollo económico y social sostenible, compatible con la conservación de la naturaleza y de sus recursos. Sobre este modelo se está planificando la economía del futuro.

La declaración de la isla como Reserva de la Biosfera es un hito, algo impensable en las islas hermanas. Unánimemente, los menorquines han reconocido que sólo este compromiso social con el futuro permite asegurar el equilibrio y el desarrollo.

NATURALEZA Y PAISAJE

LAS BALEARES

Antiguas y violentas sacudidas orogénicas y sucesivas transgresiones marinas relativamente recientes (en términos geológicos) han configurado la estructura y la forma de las Baleares. El conjunto insular hoy está dividido en dos grupos que presentan, pese a su identidad esencial, caracteres naturalísticos diferenciados: al norte, las Gimnesias (Mallorca y Menorca, y su corte de islotes: Cabrera y Dragonera, en la costa mallorquina, y En Colom en la menorquina, por sólo citar los más significativos) y, derivadas al suroeste, las Pitiusas (Eivissa y Formentera, con es Vedrà, sa Conillera, Tagomago, etc.). Entre islas pobladas por el hombre e islotes sólo habitados por aves marinas, matojos y lagartijas, casi 200 elementos componen el archi-piélago. Antes, hubo en esta parte del Mediterráneo el extremo de un continente: el suelo oscuro del norte de Menorca es su último residuo en Baleares. Y hubo también un mar primigenio que, a consecuencia de los plegamientos alpinos, quedó salpicado de tierras emergidas.

Insularidad y mediterraneidad constituyen, pues, los rasgos biogeográficos más notables de las Baleares y marcan el trazo definido, casi tópico, de la primera impresión que de ellas recibe el observador naturalista. Por una parte, clima caluroso en verano, con alta insolación, con largos periodos secos, y templado en invierno, con precipitaciones irregulares y torrenciales en primavera y otoño (siempre escasas). Por otra, la proximidad al mar evita oscilaciones bruscas de la temperatura y provoca un

Cala Pregonda

Barrancs

Los *barrancs* de Menorca o torrenteras son lugares agrestes, aunque en algunos de ellos las terrazas y tanques de cultivo se suceden y ocupan buena proporción de su espacio. Con frecuencia constituyen hendiduras profundas en la superficie del sur de la isla, por donde las aguas corren erosionando desde hace milenios la piedra caliza que las forma. Esta erosión ha producido profundos torrentes que suelen desembocar en playas aún muy bien conservadas, creándose a veces pequeños remansos de agua dulce.

Los *barrancs* pueden tener algunos kilómetros de largo y se especula que, además de la erosión, otros agentes han contribuido a su formación en el transcurso del tiempo: movimientos tectónicos y transgresiones marinas, por poner un ejemplo; sin

olvidar la misma acción del ser humano, que ha venido utilizándolos como zona de cultivo, de refugio, caza o de explotación forestal. Hay en la isla entre 40 y 50 barrancos, alguno de ellos con un curso sinuoso de brevísima longitud. Sin duda todo el paisaje del sur menorquín está marcado por el carácter salvaje de tan modestas hendiduras naturales.

Su valor ecológico es altísimo: en los barrancos se manifiesta, seguramente, la mayor diversidad de especies insulares.

Tal vez los barrancos más conocidos sean los de Algendar, d'en Fideu, y el de Cala en Porter. La vegetación silvestre está compuesta de espesas marañas de acebuches, jaras, pinos y madroños. En la marisma, los juncos y carrizos son transitados por parejas de fochas o de ánades reales, o tal vez por alguna paciente garza a la espera de poder zamparse una culebra de agua, o una tortuga.

El alimoche

Conocer esta singular especie carroñera es imprescindible para quien guste de la cultura faunística de la isla de Menorca. El alimoche, solo, en parejas o en grupos no muy numerosos, puede ser avistado en cualquier lugar de la isla, aunque con mayor frecuencia en el área norte, zona abrupta, poco urbanizada, y ganadera. El aspecto de estas aves es parecido al de pequeños buitres de plumaje blanco (marronáceo en los ejemplares jóvenes).

Reciben el nombre de *Neophron percnopterus* por los ornitólogos, que cuidan de su protección y que estudian sus costumbres: en concreto, los alimoches menorquines son, al parecer, la única población europea sedentaria que no realiza viajes migratorios al norte de África durante los otoños. Los alimoches ocupan el máximo peldaño en la escala alimenticia de la isla, un pequeño biotopo en el Mediterráneo. Su alimentación consiste en restos y desperdicios de carroñas del ganado.

La especie es ya una reliquia en las Baleares —ha sido extinguida en Mallorca y no existe en Ibiza, ni en Formentera—, y su presencia en Menorca equivale a un símbolo de permanencia de una naturaleza equilibrada donde aún no falta ningún eslabón. Los *arpellots* (así se los conoce en Menorca) vuelan lentamente y efectúan largos desplazamientos con amplios y majestuosos círculos en el cielo.

aumento de la humedad atmosférica. La sal depositada en tierra firme por el viento, además, determina la composición del suelo en el litoral, y el carácter sufrido de su vegetación. Los acebuches en bandera de la costa menorquina *(Olea silvestris),* de apariencia atormentada, los retorcidos pinos blancos *(Pinus halepensis)* y las sabinas *(Juniperus phoenicea)* y enebros *(Juniperus oxycedra)* en las dunas de Mallorca y Eivissa, y la alfombra de menudas plantas con hojas carnosas o espinas que recubre la costa rocosa –hinojo marino, lavanda, manzanilla, o la curiosa *socarrell,* como se la llama en Menorca *(Launea cervicornis),* con ramificaciones semejantes a la cornamenta de un ciervo– son característicos en este sentido.

LA INSULARIDAD

En las Baleares la naturaleza es generosa para el naturalista debido a dos fenómenos –poblamiento y extinción– que se desarrollan simultáneamente en todas las islas del planeta y que conducen al establecimiento de la nómina de especies vivas en una isla en un momento dado. En efecto, las islas acogen continuamente especies nuevas (plantas o animales viajeros, voluntarios o no). Algunas de estas especies se adaptan al nuevo lugar y consiguen instalarse definitivamente; otras, perviven sólo algunas generaciones y, al final, se extinguen; tanto más rápidamente cuanto mayor es la competencia con especies recién llegadas o con las residentes mejor adaptadas. Algunos seres singulares son hoy sólo fósiles: una tortuga y una lechuza gigantes en Menorca y Eivissa; un rupicaprino llamado *Myotragus balearicus*, que abundó en Mallorca y Menorca; algunas aves, como diversos córvidos, de los que sólo el cuervo común *(Corvus corax)* permanece como sedentario en el actual inventario ornítico balear. Poblamiento y extinción en las islas: dinámica y variación constantes. El ser humano fue, en ocasiones, responsable directo (caza, recolección, o fuego) o indirecto (por introducción de ratas, conejos y cabras, o de depredadores como la marta, la gineta, la pequeña comadreja o el gato) de estas extinciones: puede que el citado *Myotragus* fuera incluso semidomesticado por los primitivos pobladores humanos de las islas –cultura talayótica–, antes de perecer el último ejemplar bajo los golpes de algún arma prehistórica.

Un tercer fenómeno biológico, el de la evolución, se da también de forma fácilmente investigable en las reducidas (o en las grandes) superficies insulares. La teoría fue ideada por Charles Darwin precisamente en un medio insular: las Galápagos. En las Baleares, más modestamente, el proceso evolutivo es digno objeto de estudio.

El aislamiento favorece, en efecto, la formación de nuevas especies y, así, el catálogo de especies endémicas baleares (faunísticas y florísticas) es extenso e importante. Así, por ejemplo, en Menorca se encuentran plantas únicas como el cojinillo espinoso *Astragalus balearicus,* el *socarrell,* el *Pinus halepensis ceciliae,* variedad de pino blanco, la *Daphne rodriguezi,* que crece en la isla d'en Colom y en el barranco de Cala en Porter, o la peonía *Helichrysum ambiguum,* que sólo habita las laderas del monte Toro.

EL PAISAJE NATURAL DE MENORCA

Sa Tramuntana

Una imaginaria línea que sigue en gran parte la actual carretera de Maó a Ciutadella (en realidad hasta Cala Morell, al norte de este municipio) divide la isla de Menorca en dos partes muy diferentes, tanto en su estructura geológica como en su paisaje natural: sa Tramuntana, al norte, y es Migjorn, al sur. Por eso alguien ha podido decir que Menorca es dos islas en una.

En efecto, sa Tramuntana tiene una apariencia general oscura y ondulada, cubierta de vegetación natural, sobre todo bosquetes de acebuches o de encinas alternando con humanizados prados de forraje para el ganado vacuno, uso ganadero del medio que ha modificado y configurado gran parte del paisaje menorquín. La costa norte, entre Maó al este y Cala Morell al oeste, es accidentada, con promontorios y acantilados que casi alcanzan los cien metros (Cavalleria), largas y estrechas calas (Addaia, Fornells), o playas de arena gruesa, a veces de cantos (La Vall, cala Tirant, Binimel.là, Ets Alocs y otras), llamadas *macars* (de *mac,* piedra), en este caso.

En el norte se encuentra el más grande pinar de la isla (La Vall d'Algaiarens) y también la única albufera, es Grau. Uno de aquellos promontorios, Favàritx, muestra una apariencia desolada, casi abrasada bajo el sol que brilla en su roca y suelos negruzcos, pizarrosos. Son los más antiguos testimonios geológicos de las Baleares, terrenos procedentes del Paleozoico, del Triásico, del Jurásico dolomítico.

Pequeños montes suavizan el panorama, con alturas máximas muy reducidas, proporcionadas a la superficie total de la isla (700 km^2): monte Toro (357 m), S'Enclusa (274 m), puig de Santa Àgueda (264 m), y alturas menores como Ses Penyes d'Egipte (75 m). Algunas pequeñas zonas húmedas persisten junto al mar: Lluriac, Algaiarens, Tirant, salines de Fornells y Addaia. Aquí, los grandes sistemas dunares, con areñas gruesas y oscuras, con sabinas y pinares, garantizan que los pequeños torrentes puedan embalsarse y servir de refugio a fochas, ánades, zampullines, garzas y garcillas. En las dunas nidifica el abejaruco, y en las charcas pesca el águila pescadora. Milanos y *arpellots,* alimoches *(Neophron percnopterus),* sobrevuelan los montes a la búsqueda de alimento. Es curioso ver cómo en algunos lugares las dunas están orientadas al viento, en lugar de paralelas a la línea de costa. La ganadería ha modelado, como ya se ha dicho, el paisaje en Menorca: prados y monte bajo se necesitan mutuamente. Tanques de piedra separan ambas vegetaciones, artificial y natural, como en un mosaico diseñado a propósito. Mantener la ganadería y la agricultura es un imperativo de gestión económica para conservar el auténtico paisaje menorquín.

Es Migjorn

El sur, en cambio, es más homogéneo y regular. Comprende también, morfológicamente, todo

el extremo occidental de la isla (término municipal de Ciutadella) y el territorio situado al sur de la carretera principal de Maó a Ciutadella antes mencionada. Consiste en una ancha plataforma tabular de roca calcárea y arenisca, llamado en catalán *marès,* que tiende al mar asomándose en acantilados de poca altura (30-40 m), cortados además por los tajos de los torrentes o *barrancs:* Binigaus, Trebalúger, Algendar, y otros que modelan un paisaje peculiar. Alguno de estos torrentes desemboca en una playa (Santa Galdana es emblemática en este sentido). Las playas del sur de Menorca son de arena blanca, limpia y fina. Tanto pueden ser pequeñas calas recogidas entre roquedo y pinar, con fondos claros que permiten una transparencia deslumbrante (Macarella, cala en Turqueta), como largos arenales (arenal de Son Saura, Atalís), no menos deslumbrantes, alguno incluso con el siempre precioso añadido de una zona húmeda (Son Bou), hoy desgraciadamente rodeada de urbanizaciones.

Si el norte era antiguo, el sur es geológicamente reciente: sus suelos son miocénicos. Sus arenas solidificadas por el paso de las eras geológicas han sido usadas como material de construcción y las canteras excavadas profundamente son ahora objeto de curiosa visita *(pedreres* de Santa Ponça, de S'Hostal). No hay montes en el sur; sólo *tanques,* recintos rodeados de paredes de piedras, de prado más seco y de acebuchar *(ullastrar).* Los árboles –encinas, acebuches, pinos, sabinas–, tanto aquí como en el norte, aparecen siempre tendidos hacia el sur (en bandera), empujados no tanto por la fuerza del viento de la tramuntana, proverbial en la isla, sino por las sales que este mismo viento empuja desde el mar en sus rachas. La salinidad aportada por el aire reseca y quema las ramas que nacen orientadas hacia el norte. Con ello, el paisaje menorquín se hace singular. A veces, incluso, parece que la vegetación, modelada por el viento, cubre la tierra como una masa uniforme.

Cala Presili, en la albufera del Grau

ESPACIOS PROTEGIDOS

La isla cuenta con un excelente parque natural, la Albufera des Grau (declarado en 1995), y con numerosas zonas protegidas de usos urbanísticos, ANEIS (áreas naturales de especial interés) y ZEPAS (zonas de especial protección para las aves), a la espera de una gestión conservacionista más sistemática. En general puede decirse que, a excepción de las áreas ya urbanizadas, Menorca protege hoy casi por entero su costa y una buena parte de su interior agrícola y forestal. Las mejores playas de la isla cuentan ya con protección en este sentido –Macarella, Son Saura, Binigaus, La Vall, El Pilar, etc.–, una vez controladas sus expectativas urbanísticas mediante una planificación territorial progresista. También los torrentes del sur y los promontorios del norte en Favàritx, Cavalleria y Fornells están protegidos. Lo mismo cabe decir de los islotes –Bledes, Aire, Addaia, Binicodrell, etc.– que rodean la isla y donde se encuentran las interesantes poblaciones de la simpática lagartija balear endémica *(Podarcis lilfordii)*.

Por su parte, el Parque Natural de la Albufera des Grau tiene una extensión de casi 2.000 ha, con una gran laguna interior de unos 2 km de longitud y una superficie de 70 ha de agua libre donde se concentran en invierno importantes bandos de ánades (porrón, real, cuchara), fochas, garzas y zampullines. La laguna se comunica al mar por La Gola, junto al puerto de pescadores de El Grau, un pequeño conjunto urbano pintoresco y amable.

El parque comprende también el islote d'en Colom (60 ha), con lagartijas y endemismos botánicos, y el bellísimo cap de Favàritx,

de paisajes desolados y oscuros. Cubre, pues, una gran variedad de sistemas naturales: dunas, zonas húmedas, acantilados, suelo agrícola, calas y playas (Cavaller, Morella, Presili). Algunas de las fincas privadas incluidas en el parque (llamadas *llocs*) constituyen muestras muy notables de la arquitectura tradicional menorquina: Milà, sa Cudia, Morella, es Planàs. Hay también restos talayóticos (naveta des Figueralet, talaiot de sa Torreta).

MENORCA, RESERVA DE LA BIOSFERA

El Parc Natural de S'Albufera des Grau es precisamente el núcleo de la Reserva de la Biosfera del programa MAB-Unesco, que engloba a toda la isla. Es por ahora un gran compromiso colectivo de la sociedad civil menorquina, catalizado por sus instituciones de gobierno local y municipal –el Consell Insular y los ayuntamientos–, que además cuenta con el apoyo del gobierno autonómico de las Baleares.

Con esta declaración, Menorca se convierte en un laboratorio de experiencias de gestión que deben garantizar un desarrollo económico sostenible compatible con la conservación de sus valores naturales, históricos, etnológicos y culturales. La iniciativa procede de una prestigiosa institución científica local, el Institut Menorquí d'Estudis, que la promovió en 1988, y que consiguió hacerla realidad en 1993.

A los valores anteriormente citados hay que añadir además la importantísima red de monumentos prehistóricos –poblados talayóticos, *navetes,* las singulares *taules* de piedra, las cuevas excavadas para habitación o como hipogeos– que cubren la totalidad de la isla convirtiéndola, como se ha dicho hasta el tópico, en un inaudito museo al aire libre.

LA VIDA Y LA CULTURA

EL ARTE

La literatura

El mahonés Joan Ramis i Ramis (1746-1819) es tal vez la primera figura literaria de relieve en Menorca. Estudió leyes en Francia y fue miembro fundador de una asociación cultural, la Societat Maonesa de Cultura, semejante a las sociedades económicas de amigos del país de la ilustración española. Escribió en catalán, castellano y latín. Su obra más importante fue *Lucrècia,* una densa tragedia compuesta en versos alejandrinos, principal obra del periodo neoclásico en la literatura catalana; y otras obras de diversa temática, entre ellas una primera aportación a la arqueología de la isla: *Antigüedades célticas de la isla de Menorca* (1818).

Francesc Camps i Mercadal (1852-1929) nació en la pequeña localidad de es Migjorn Gran. Su gran afición al folclore insular le permitió recoger tradiciones, mitos, cuentos, costumbres y canciones populares menorquinas, en una colección que tituló *Folklore menorquí de la pagesia.* Màrius Verdaguer (1885-1963), nacido en Maó, escribió *Piedras y viento,* una novela desarrollada en Menorca cuyo título ha definido muchas veces la isla en los folletos de propaganda turística.

Àngel Ruiz i Pablo (1866-1927), de es Castell, fue un notable escritor costumbrista, género muy popular en las Baleares. Joan Benejam i Vives (1846-1922), pedagogo, escribió una obra de teatro que tradicionalmente inaugura las fiestas de Sant Joan en Ciutadella: *Foc i fum* (Fuego y humo).

El arquitecto mahonés Nicolau Rubió i Tudurí (1891-1981), creador de los jardines de Pedralbes en Barcelona, entre otras cosas, escribió interesantes y aún reeditadas crónicas de sus viajes y cacerías por el África negra.

En la actualidad, las figuras más relevantes son tal vez Ponç Pons (Alaior, 1956), autor de poemarios como *El salobre, Estigma* y *On s'acaba el sender,* entre otros; y Pau Faner i Coll (Ciutadella, 1949), novelista prolífico con narraciones como *L'Arcàngel* y *Un regne per a mí,* con las que se dio a conocer, y *Flor de sal* (Premio Nadal, 1986). Otros nombres destacados de la literatura menorquina contemporánea son Josep Mª Quintana Petrus, Maite Salord (finalista del Premi Sant Jordi en 2006), Joan Pons y Esperança Camps.

Las artes plásticas

La primera figura histórica de las artes plásticas menorquinas es curiosamente un italiano, Giuseppe Chiesa (1720-1789), residente en la isla, cuya luz y tipos no se cansó de reflejar en dibujos y pinturas. Un discípulo suyo, Pasqual Calbo i Caldés (1752-1817) destacó también en el dibujo de tipos populares y paisajes, incluidos los que realizó en sus viajes por Santo Domingo, Nueva Orleans y Cuba. Fue también un eminente y polifacético ilustrado. El pintor Hernández Monjo (1862-1937) dejó un legado de impresionantes y luminosas marinas. También fue un notable paisajista Joan Vives i Llull (1901-1982). El pintor y escultor Matíes Quetgles (1946) es el autor del emblemático *Be* (cordero alusivo a San Juan Bautista) de Ciutadella.

Los paisajes de Pere Daura (1896-1974), nacido en Ciutadella, se exponen en una sala del Museu Diocesà de esta ciudad. En el carrer de Sant Rafel de Ciutadella, se muestra la obra del pintor expresionista Josep Robert Torrent (1904-1990). También el creador y dibujante de las aventuras del cazador Eustaquio Morcillón, su fiel criado Babalí y de la popular familia Ulises, personajes clásicos de la publicación *TBO*, fue un ciudadelano: Marí Benejam i Ferrer (1890-1975).

Música clásica y popular

Sin duda, la música es una de las grandes aficiones de los menorquines. El melómano siempre tendrá la oportunidad de asistir a conciertos durante su estancia en la isla. En Ciutadella y en Maó hay sendos teatros en los que los conciertos y las representaciones de ópera son una tradición. No debe olvidarse que el gran barítono de fama internacional Joan Pons i Álvarez nació en Ciutadella (1946) y que aquí recibió su primera formación.

Pero también se celebran conciertos en otras localidades: durante el verano, en Fornells; y en invierno en toda la isla gracias al programa *Desembre Clàssic,* patrocinado por el Consell de Menorca. Las representaciones del programa anual *Estiu a Maó* tienen como escenario el claustre del convent del Carme. Además de estos conciertos, se celebran Semanas de Órgano. Ciutadella cuenta con una orquesta filarmónica y con la Coral Davídica. Maó presume de su Coral de Sant Antoni y del Orfeó Maonès. La isla sostiene una Orquesta de Cámara. También la música popular está muy considerada: Alaior, por ejemplo, cuenta con un grupo de danza folclórica; algunos grupos, como *Arrels,* han revitalizado y actualizado el viejo folclore. Los intérpretes de jazz tienen los escenarios del Casino de Sant Climent y de la sala Akelarre de Maó.

ARQUITECTURA

Los llocs o caseríos rurales

Las manifestaciones y detalles más simples del arte arquitectónico popular menorquín se encuentran en los *llocs,* caseríos rurales de distinta dimensión, esparcidos en todo el territorio. Los *llocs* centraban la vida agrícola de la isla; en su conjunto presentan características comunes, aun dentro de su casi infinita variedad: cuerpos centrales de vivienda rodeados de diversos cubículos para establo, cochera o granero, más los añadidos exteriores de pozo, aljibe, horno para cocer el pan, las barreras de madera de acebuche, los muretes de piedras que serpentean sobre las colinas adyacentes. El tejado árabe y los porches, *porxos,* culminan el conjunto, habitualmente enjalbegado, de una blancura que deslumbra, casi maniática, limpia.

Los *llocs* suelen estar situados en encrucijadas de caminos rurales, o en altozanos desde los que se contempla un hermoso paisaje de *tanques* y senderos. En algunos casos, los *llocs* son modestos, como el de Santa Teresa, en es Mercadal, hoy transformado en un sencillo pero completo ecomuseo (camino al faro de Cavallería). Otros son verdaderos palacetes señoriales, como el de Ses Truqueríes, del siglo XVII (alrededores de Ciutadella) o Llucasaldent (Ferreries). Unos han sido reformados y destinados al turismo: Binissuès (Ciutadella), la gran casa de color rosa de Son Triay Nou (Ferreries), Alcaufar (Sant Lluís); otros mantienen aún una sólida torre de defensa adosada al edificio principal, con sus almenas casi domésticas: Torre Saura Vell (Ciutadella).

En otros casos, los *llocs* han sido sólo casas de veraneo o de descanso, a veces con cuidados jardines, residencias de nobles o de grandes propietarios, industriales, armadores o comerciantes. The Golden Farm, en este sentido, es emblemática. Conocida popularmente como Can Nelson o quinta de Sant Antoni, reluce en la orilla norte del Port de Maó. Desde sus ventanales abiertos a la luz tamizada del cielo menorquín, la leyenda quiere que el almirante inglés Lord Horace Nelson contemplara los barcos a su mando en compañía de su amante lady Hamilton (nunca ha podido probarse tal circunstancia). Tanto este *lloc,* como otras casas de Maó, se pintaban con la pintura sobrante de los barcos que se reparaban en los astilleros. Por eso es una costumbre típicamente menorquina la de pintar con colores rojos, ocres, amarillos, rosados y azules las fachadas de las casas, y a veces las puertas y ventanas, generalmente verdes.

La arquitectura urbana civil

En Ciutadella tienen su solar las familias de la nobleza menorquina. Quedan aún sus grandes palacios, la mayoría levantados entre los siglos XVII y XIX: Can Squella, con una sobria fachada barroca; Can Torre Saura; Can Salord, neoclásica con toques italianizantes; Can Vivó... Todos cuentan con patios y escaleras interiores, balcones y salas con una decoración ya decadente, testimonio de pasadas grandezas

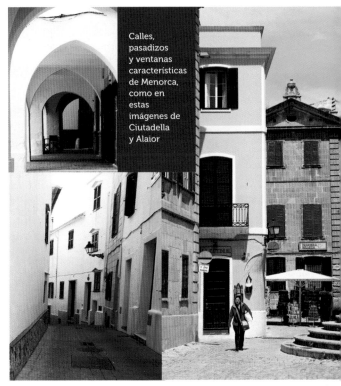

Calles, pasadizos y ventanas características de Menorca, como en estas imágenes de Ciutadella y Alaior

La piedra seca

Las paredes menorquinas de piedra seca tienen como función la delimitación de propiedades, pero también tienen otras utilidades prácticas. La primera es muy elemental: reducir, hasta eliminar, en la medida de lo posible, el número de pedruscos de los suelos aprovechables para el cultivo, puesto que su enorme abundancia dificulta el paso de los arados tradicionales. También sirven como paraviento, un uso imprescindible en toda la isla. Además, soportan el terreno en las pequeñas plantaciones de viñedo, o impiden el paso errático del ganado de uno a otro lugar.

Y por si fuera poco, sirven de referencia para racionalizar los usos agrícolas habituales, separando las distintas parcelas de tierra (*tanques*) que deben sembrarse o mantenerse sin cultivar según el ritmo que impone el barbecho.

Su construcción es sencilla aunque requiere un considerable coste en tiempo: se levantan dos hileras paralelas de piedras relativamente grandes, para ello no se utiliza mortero, para luego rellenar el hueco entre ellas con piedras pequeñas. Normalmente se culminan con piedras planas (*cobertores*) que, en ocasiones, se blanquean. En algunas paredes pueden observarse lajas que sobresalen del conjunto: sirven como escalera para pasar de una tanca a otra.

Se recomienda no caminar sobre la cresta de las paredes que cierran las parcelas, pues su consistencia es, por lo general, endeble. En algún lugar, en la misma pared, hay incluidos comederos o bebederos para el ganado, hechos con sillares de arenisca. Las populares *barreres* entre las distintas *tanques* –pasos obligados por ley secular, desde los tiempos medievales, para que todos pudieran ir al mar o a recoger leña a la garriga– están hechas con maderos curvos de acebuche, muy resistentes.

hoy sostenidas casi como elemento folclórico. En Maó, en cambio, las grandes casas pertenecían a familias de comerciantes e industriales: Can Mir, asomada al puerto, muestra unos ventanales inigualables; Can Soler, que alberga el Casino Maonés...

En ambas ciudades existen locales para celebrar representaciones teatrales y óperas, a las que los menorquines son muy aficionados. En Ciutadella, el Teatre Municipal se ubica en la plaça des Born, cerca del puerto y junto a alguno de los palacios citados; en Maó, el Teatre Principal, de estilo neoclásico, se integra en la trama urbana. El modernismo dejó sobre todo muestras más funcionales: la pescadería de Maó, o la farmacia Llabrés en Ciutadella.

En general, Ferreries, es Mercadal, el núcleo viejo de Ciutadella (con la acogedora y pintoresca calle de Ses Voltes) y de Maó (S'Arraval), o el denso conjunto urbano de Alaior, coronando un montículo, constituyen sendos ejemplos de arquitectura popular, con casas enjalbegadas de poca altura, con pequeñas ventanas de guillotina (herencia inglesa), aglomeradas en callejones, en plazas poco adaptadas al intenso tráfico actual, y bajo el amparo de las parroquias. En otros casos, el carácter es absolutamente marinero y mediterráneo: na Macaret (la playa es la plaza del pueblecito), Fornells, Binibeca (casi un decorado), el port de Ciutadella, es Grau, junto al parque natural del mismo nombre.

La arquitectura religiosa

Algunos edificios religiosos han cambiado su uso en Menorca. Restaurados y adaptados, se han convertido en sede de museos (convent de Sant Francesc, en Maó), viviendas populares (claus-tro de Sant Dídac, o pati de sa Lluna, desamortizado en el siglo XIX, en Alaior), o se han destinado a otros usos (el claustro del convent del Carme, en Maó, alberga el mercado de verduras). Quizás sea el único modo de garantizar su conservación.

Otros, en cambio, guardan con celo su vocación y funciones: Sant Joan de Missa (Ciutadella), vieja ermita del siglo XIV desde cuya espadaña se convoca a los ciutadellencs para celebrar la festividad de su santo patrón, San Juan Bautista; la catedral de Ciutadella, que sufrió grandes daños durante el saqueo de la ciudad por los piratas turcos en el siglo XVI, compacta en el centro de las callejuelas de trazado medieval; la parròquia de Sant Bartomeu (Ferreries), con su aspecto barroco; la iglesia de Sant Martí (es Mercadal); la capilla del Roser (es Castell); y Santa Maria de Maó, con un notable órgano, instalado por orden de uno de los gobernadores ingleses de la isla.

En la ermita de Gràcia (Maó) hay una interesante y curiosa colección de exvotos marineros. La ermita y santuario del Toro, en es Mercadal, mantiene la estructura original del siglo XVII, aunque pueda tener fundamento en edificaciones más antiguas. En su claustro, de una sencilla pero elegante factura tradicional, se guarda silencio. Desde sus muretes puede contemplarse el panorama de la isla entera, un verdadero mosaico de *llocs,* campos, *tanques,* vallecillos y suaves colinas, con la línea de la costa a veces sólo entrevista entre nieblas.

Obras militares y de defensa

Apetecida desde el siglo XVII por las armadas de varios países –Inglaterra, Francia, España, e incluso en el siglo XIX por los Estados Unidos, que llegó a alquilar parte del puerto

121

Basílicas paleocristianas

Si bien los monumentos menorquines por excelencia son los megalíticos, no lo son menos las basílicas paleocristianas. Hasta ahora se han hallado restos de ellas en la playa de Son Bou –Alaior–, en Fornàs de Torelló, cerca de Maó, en es Cap des Port de Fornells, o en la isla del Rei, en pleno puerto de Maó.

Es posible la existencia de alguna más en Ciutadella, o en la illa den Colom, frente a la Albufera des Grau, al noreste de Menorca.

Tienen por lo general tres naves y cabecera rectangular, y se inscriben en lo que podría denominarse tradición norteafricana y bizantina. Son importantes sus mosaicos, en parte restaurados. En la basílica de Fornàs de Torelló, vecina a un poblado talayótico, hay un mosaico que contiene motivos zoológicos y botánicos –leones, pavos reales, viñas, palmeras, aves–, y motivos geométricos. La basílica de es Cap des Port, en Fornells, posee el aire de una gran construcción, con un ábside semicircular y una cripta cruciforme...

de Maó y a construir un cementerio para sus muertos–, o simplemente por las flotas dedicadas al corsarismo o la piratería –sobre todo, turcos y berberiscos–, Menorca ha sido asentamiento de dotaciones militares y en su costa han florecido las construcciones de defensa. Puede que incluso los *talaiots* prehistóricos, levantados muchísimo antes de producirse estas apetencias más recientes, fueran edificaciones defensivas. Situados generalmente en lo alto de colinas, permiten la vigilancia sobre anchos tramos de costa y de horizonte.

Se dice que el castell de Santa Àgueda fue, antes que castillo árabe, emplazamiento romano. Romano es el campamento cuyas ruinas se excavan aún en Sanitja, junto al cap de Cavalleria. Tanto en Ciutadella como en Maó quedan restos muy escasos de la muralla que las protegía en el Medievo y

en épocas posteriores: el pont de Sant Roc (Maó), los bastiones de sa Font y d'es Born (Ciutadella), o el citado castell de Santa Àgueda. Queda poco del imponente fuerte de Sant Felip; mucho mejor conservado se halla el fuerte inglés de Marlborough, en es Castell, junto a la cala de Sant Esteve, en la misma boca del puerto de Maó.

En mejor estado se encuentran también las torres de defensa que circundan la isla, levantadas entre los siglos XVI y XVIII. La más singular es la del castell de Sant Nicolau, en Ciutadella, muy bien restaurada, con planta octogonal y un pequeño foso. Otras, más modestas y en diferente estado de conservación, se pueden contemplar en Fornells, Punta Prima, Sanitja, Artrutx, son Ganxo, sa Mesquida... Ya se ha hablado de las torres adosadas a caseríos, por ejemplo el de Can Torre Saura (Ciutadella).

En Maó, el Patronato Municipal de Cultura tiene su sede en el Principal de la Guàrdia, un bello edificio de aire afrancesado, antiguo cuartel de la guardia de la ciudad, frente al Ayuntamiento. Hay cuarteles decimonónicos en Sant Lluís, es Castell y Maó, donde destaca el edificio del Gobierno Militar (carrer de Isabel II). Todos confieren a la isla un carácter casi colonial. El imponente conjunto militar de La Mola (norte del puerto de Maó), a la vez batería de costa y vetusta prisión militar, certifica esta condición.

Aunque su uso no fuera militar, cabe citar por último el lazareto, situado en la isleta del Llatzaret, donde los marineros y las embarcaciones que arribaban al puerto de Maó cumplían sus cuarentenas.

TRADICIONES

Artesanía

Hoy en día, comprar unas *avarques,* o *albarques* (zapatillas de cuero con suela de neumático), es casi comprar un modelo de diseño. Hasta hace poco eran las humildes y económicas alpargatas utilizadas por los campesinos y marineros menorquines en su trajín diario; hoy se fabrican bajo un nombre de marca, con lo que su valor añadido es mayor y, por tanto, algo más caras. Algunos modelos llegan a ser sofisticados, por el color, el trenzado o el corte, aun manteniendo su forma original. Son cómodas, ligeras y frescas. Hay además una gran tradición zapatera en la isla, que combina, como en la bisutería,

Bellas artesanías menorquinas

El estil anglés

No sólo palabras dejaron en herencia los ingleses en Menorca, ni sólo usos en la construcciones –ventanas de guillotina, trazados regulares, organización pragmática del suelo urbano, etc.–, ni sólo la afición al *gin*; también dejaron una importante tradición artesana en la elaboración de muebles de calidad. Los estilos clásicos ingleses empañaron el ya tradicional buen hacer de los carpinteros y ebanistas menorquines. Así, son piezas de colección los espejos y cornucopias *georgian* menorquines, las sillas de estilo chippendale, y aún más buscadas son las piezas de cerezo o de caoba de los nunca olvidados artesanos locales de Riudavets, Ferreries o Ponsetí. También son muy preciados los lechos y mesitas hepplewhite o las sillas hoggarth. El confort inglés está presente en las casas menorquinas de las familias acomodadas, como son los Lluriac, Saura, Olives y Squella, que sólo ocasionalmente muestran a los interesados. Todavía hay en Maó importantes talleres de ebanistería, como el de Hilari Fernández Murillo, en el carrer del Conde de Cifuentes.

Las *festes de cavalls* son muy populares en toda Menorca

El baile escocés

En el repertorio de danzas populares menorquinas hay notables ejemplos de la influencia inglesa: el *ball des còssil* —corrupción de *ball d'Escòcia*—, bailado en es Castell y de origen escocés, y la danza de Sant Cristòfol, que se efectúa en torno a un palo adornado con cintas y flores. El pausado fandango menorquín, de origen peninsular, mezcla, graciosamente, en algunas de sus canciones, palabras castellanas popularizadas según el catalán de la isla: "Por un 'tropissón' que di,/ todo el mundo 'mormuló';/ otros 'tropiessan' y caen/ y no los 'mormuelo' yo." Los movimientos —más de veinte— de estos fandangos reciben distintos nombres: *es primer, tres voltant, ses creus, ses acaballes,* etc.

En es Mercadal se baila una jota menorquina, y en otros pueblos *ses boleres,* boleros tradicionales con canciones de contenido humorístico y amoroso entre otros.

La religiosidad popular se manifiesta también en representaciones tradicionales —*Els Pastorells* en Navidad, o *Deixem lo Dòl,* en Pascua—, y en sencillas canciones de alabanza a los santos: *goigs i cobles.*

formas tradicionales con diseños modernos. Anualmente se celebra un encuentro de profesionales de la bisutería en Menorca (SEBIME). Algo semejante pasa con los bordados o la cerámica; más que artesanía popular es ya arte. Cuesta un poco encontrar los tradicionales *bòtils i olles* (vasijas y ollas de barro cocido), y los bordados son caros, aunque preciosos. Las cestas, sombreros y otros trabajos con trenza de paja o mimbre son muy apreciados. Los *flabiols,* como el que se usa ritualmente para convocar a los menorquines a sus fiestas ecuestres, son también un magnífico recuerdo de Menorca. Quesos, embutidos, pasteles y *gin* son los mejores productos artesanos de la gastronomía.

Festes de cavalls

Sin duda, los festejos tradicionales más conocidos y celebrados de Menorca son las fiestas de caba-llos. Se celebran el día del santo patrón respectivo en cada localidad: Alaior, 10 de agosto, Sant Llorenç; es Castell, Sant Jaume, 25 de julio; Ferreries, Sant Bartomeu, 24 de agosto; es Mercadal, Sant Martí, segunda y tercera semanas de julio; es Migjorn Gran, Sant Cristòfol, 10 de julio; Sant Lluís, el fin de semana posterior al 25 de agosto.

Las más concurridas y merecida-mente afamadas son las de Ciuta-della en honor a Sant Joan Baptista, representado en las procesiones rituales en la figura de *s'homo des bè* (el hombre del cordero). No es por casualidad: en Ciutadella per-manecen enraizados los elementos medievales que dieron origen a su fiesta más popular y emblemática. Porque las fiestas de Sant Joan de Ciutadella siguen un ritual que no puede alterarse, *els protocols.* En los cortejos ecuestres y en los jue-gos que se desarrollan en la calle,

125

corregudes i caragols, todo tiene su sentido y su orden. Los diferentes *caixers* representan, vestidos impecablemente y a caballo, a los estamentos medievales: el *caixer senyor* a la nobleza, que autoriza cada año la celebración de la fiesta; el *caixer capellà,* al clero; los *caixers pagesos,* a los campesinos; el *caixer casat,* a los oficios manuales; y *un caixer* fadrí alterna estas dos últimas representaciones, campesinado y oficios urbanos.

Las *corregudes* (carreras) representan juegos de habilidad ecuestre: se golpean escudos, se ensarta la punta de una lanza en un arete mientras el caballo va a galope, dos jinetes corren abrazados un largo tramo de calle ante la admiración y el jaleo de los observadores, tal vez demasiado animados por los constantes tragos de *gin,* producto de invitaciones espontáneas que uno no puede ni debe rechazar. La banda municipal suena sin cesar, literalmente hasta el agotamiento.

Otras tradiciones

Un poco eclipsadas por estas, pero igualmente estimadas por los menorquines, son sus fiestas navideñas, con representación de *Els Pastorells de Sant Lluís,* un retablo de origen medieval, o sus procesiones pascuales de la Semana Santa, como la *Processó de l'Enterrament* (Viernes Santo) en Maó, o la del *Divendres Sant* (Viernes Santo) en Ciutadella.

Son fiestas de carácter casi patriótico la lectura del *Acta de Constantinoble,* el 9 de septiembre, o la *Processó dels tres tocs,* el día de Sant Antoni, 17 de enero, ambas en Ciutadella. La primera consiste en recordar, mediante la lectura de un viejo documento notarial de la época, el *Acta de Constantinoble,* las penalidades que sufrieron los ciudadelanos durante un saqueo

por parte de los turcos en el siglo XVI, muchos de ellos transportados en condiciones de esclavitud a las mazmorras de Estambul. La segunda es una festividad que homenajea al rey Alfons III, quien entró en la ciudad, según la leyenda, después de haber dado tres golpes en la puerta de la muralla que entonces rodeaba la ciudadela árabe. Tras oír estos tres funestos golpes, la ciudadela se rindió sin condiciones.

En Fornells y en el puerto de Maó son muy vistosas y pintorescas las *processons* marineras en honor a la *Verge del Carme,* el 16 de julio, en la que barcas engalanadas escoltan a la Virgen. En alguna de las fiestas anteriores, la gente se rocía con *aigua-ros* (agua de rosas) y se obsequia con dulces y pasteles.

La lengua y la tradición oral

Los menorquines aman su lengua, el catalán en su dialecto local, plagado de voces singulares y de ricos modismos. A principios del siglo XX, Francesc d'Albranca recogió muchas de estas voces y expresiones, además de canciones populares, cuentos, refranes y romances en lengua catalana, en un libro titulado *Folklore menorquí de la pagesia* (folclore campesino). Desde hace unos años, un colectivo de folcloristas está recopilando, antes de que se pierdan en el olvido, otras muchas recetas, fórmulas, relatos, costumbres populares, canciones, etc., en unos sencillos, pero densos *Quaderns de Folklore.* En ellos encontramos los viejos remedios caseros, las narraciones casi olvidadas, los usos campesinos y de la gente de mar. Se trata, en realidad, de un tesoro de conocimientos y de creencias que, desgraciadamente, pasan a ser sólo memoria escrita, toda vez que Menorca está embar-

Víndou o finestra

El catalán dialectal de Menorca (*menorquí*) guarda rasgos lingüísticos de interés para especialistas y es fuente de curiosidades para el aficionado.

No en vano las islas permanecieron aisladas de influencias continentales durante largos periodos de tiempo, y así perviven modos y palabras procedentes del más antiguo catalán, como es el caso de los artículos *salados,* comunes en las Baleares: *es, sa, ses,* etc.

Por otra parte, la isla ha sufrido una sucesiva aportación de voces y costumbres de las distintas culturas que a lo largo de los siglos han ocupado su territorio: romanos, árabes, catalanes, castellanos, ingleses y franceses. En concreto, el catalán hablado actualmente en la isla mantiene algunas palabras de origen inglés transformadas por el habla local y de uso muy común. Así, ventana (en catalán, *finestra*) se conoce como *víndou* (del inglés, *window*); amargo como *biter* (del inglés, *bitter*); destornillador (en catalán, *tornavís*) como *tornescru* (del inglés, *turnscrew*); bandeja como *tibord* (del inglés, *tea board*); tiza como *xoc* (del inglés, *chalk*); caoba como *moguin* (del inglés, *mahogany*); carne como *bifi* (del inglés, *beef*). Eso por no hablar de la ginebra, *gin,* la bebida popular por antonomasia en Menorca.

Fiestas de Gracia en Maó

cada hacia el futuro. Debe apuntarse, finalmente, que en la lengua hablada de los menorquines permanecen restos de la lengua inglesa, como injertos lingüísticos vivos y de uso corriente.

Por otra parte, uno de los más eminentes filólogos y editores de la lengua catalana, coautor del completo *Diccionari Català-Valencià-Balear,* un monumental trabajo lexicográfico iniciado por el mallorquín Antoni Maria Alcover, nació en Ciutadella: Francesc de Borja Moll (1903-1991).

Acontecimientos culturales

El Premio Born de Teatre (Ciutadella) es uno de los acontecimientos culturales del año menorquín.

Las numerosas salas de exposiciones de Menorca ofrecen variadas muestras de la producción de los artistas de la isla o de residentes: Fundació la Caixa; Sala de Cultura Sa Nostra, en la iglesia de Sant Josep de Ciutadella o en la de Sant Antoni en Maó; el claustro del con-

vent del Carme en Maó; Sant Dídac en Alaior, donde también hay una sala municipal de arte contemporáneo; además de las también numerosas salas privadas: Espai Hartung en es Mercadal, Johanna Byfield en es Migjorn Gran, Arths en Alaior, Retxa en Ciutadella, etc. El Ateneo Científico, Literario y Artístico de Maó (S'Ateneu), toda una institución, desarrolla un amplísimo programa de actividades culturales y de formación para sus asociados y simpatizantes, además de publicar la *Revista de Menorca.* Incluso tiene, en sus locales, una entrañable Sala de Tertúlias. Las *festes de cavalls* son en sí mismas un acontecimiento cultural de primer orden en la vida menorquina en cada uno de sus municipios. Ya se han mencionado los numerosos conciertos que se celebran en la isla: conciertos de Pasqua, de Nadal (invierno y Navidad) y de verano, Semana Internacional de Órgano, representaciones de ópera en el Teatre Principal de Maó y en el Teatre Municipal de Ciutadella.

GASTRONOMÍA

La sencillez tradicional

Como en todo el Mediterráneo, la cocina menorquina es sobre todo sencilla y nutritiva, con una presentación que rechaza toda afectación. Guisos, fritos, ensaladas y embutidos se combinan, en justa proporción, con los postres: helados (La Menorquina tuvo aquí su fábrica de origen) y pasteles de factura tradicional a base de harina, almendra, granos de anís... La base de esta cocina son las verduras frescas, hasta hace poco obtenidas del pequeño huerto propio; las carnes, también procecentes del ganado propio; y el pescado o marisco capturado en el día. Todo ello permite calificarla como de muy alta calidad. Súmese el excelente complemento del aceite de oliva que, aunque no se produzca en la isla, garantiza una dieta sana. Productos desconocidos en esta zona del mundo hasta el descubrimiento de América se han convertido en ingredientes esenciales: pimientos, tomates, berenjenas, etc., acompañan a los que secularmente constituían la fuente básica de alimentación, y que eran y son cocinados según antiguas recetas medievales (oliaigua: sopes pageses de pan y caldo), e incluso árabes (cuscussó, con maíz tratado, carne de cerdo y verduras en caldo o judías (crespellets).

Hay que añadir además algunas herencias de la dominación inglesa: pasteles de frutas (plumcakes), salsa de grevi (caldo de buey muy concentrado, casi espeso), ponche (puny d'ous), etc. De todos modos, la estrella de esta tan simple cocina menorquina es la salsa maonesa (llamada también mayonesa o mahonesa), que acompaña cualquier plato y lo realza.

Platos de carne, pescado y marisco

El frit de cordero o cerdo, la greixera de macarrons, las albergínies farcides o el arròs de terra cocinados al modo casero son excelentes muestras de la gastronomía menorquina. El abundante y bien cuidado ganado vacuno, porcino y lanar asegura una carne de primera calidad.

Lo mismo sucede con el pescado (moll, amfòs, pagell, serrà) y el marisco (escopinyes, musclos, escamerlans, gambes), que puede cocinarse a la menorquina, con abundante salsa y condimento. La pequeña flota local, de dimensión familiar, surte las cocinas de los restaurantes y las paradas de los mercados en Ciutadella y en Maó, en cuyo puerto además se cultivan las escopinyes (almejas). Los calamars farcits, el mero (amfòs) acompañado con caldo de buey (salsa de grevi), el peix torrat, etc., son platos que no hay que dejar de probar. Y muy especialmente, aunque su precio es prohibitivo para algunos bolsillos, la famosa caldereta de langosta, un plato ciertamente soberbio y a veces excesivo.

Este plato se asocia con el puerto de Fornells, cuyos restaurantes son internacionalmente conocidos (Es Cranc Pelut, Es Pla, S'Àncora, etc.), pues aquí estaban los mejores criaderos de langosta en el pasado. Hoy puede, sin embargo, comerse en Maó, es Mercadal y Ciutadella, sin merma de su calidad. Hay caldaretes "menores" y algo más económicas: de pescado, de marisco, con escamerlans, gambes, etc.

Pan, embutidos y repostería

El pan pagès con aceite y tomate (pa amb oli) puede solucionar una cena de compromiso, si se acompaña con alguno de los excelentes

ESPECIALIDADES

LOS QUESOS

El queso es, sin duda, junto con la salsa mahonesa y el *gin*, el producto gastronómico y artesano más apreciado de la isla, por lo que ha merecido Denominación de Origen. El queso mahonés es duro y seco, aunque puede encontrarse tierno y semicurado, pues ha sido prensado envuelto en trapos. Tiene forma cuadrada y los vértices ligeramente curvos. Una vez abierto, se seca con facilidad tomando el fuerte sabor y olor que lo caracteriza. Su elaboración ya es industrial, aunque se mantienen métodos de tradición artesana. Normalmente se unta con aceite, tras un mes de curación. Las *formatjades*, épocas de elaboración del queso, constituyen aún un motivo para la fiesta.

LA SALSA MAHONESA

En París se inició la leyenda de la salsa mahonesa o mayonesa (en francés, *mayonnaise*). Sobre esta salsa se ha escrito mucho y los eruditos en gastronomía han gustado de referirse a ella y a sus cualidades. El debate sobre si su origen era francés o menorquín llenó páginas y páginas.

Actualmente, la solución dada a esta cuestión no interesa. Interesa su buen sabor, su popularidad, sus exquisitas condiciones de complemento en muchos platos de la cocina internacional. Tal vez su origen sea el simple *all i oli* –ajo y aceite de oliva– mediterráneo, al cual se ha añadido huevo. La receta más divulgada sería ésta: en un tazón se ponen dos yemas de huevo, se añade zumo de limón o un poco de vinagre, luego se vierte, como un fino hilillo, casi gota a gota, el aceite mientras con una cuchara o tenedor de madera, o con la mano del almirez, se remueve circularmente la mezcla, siempre en el mismo sentido, todo con la máxima parsimonia, hasta que la salsa se espese.

LA LANGOSTA

Lo primero que hay que hacer es atar la langosta, que deberá estar viva, y ponerla en cinco tazas de agua hirviendo unos quince minutos. Se retira luego del fuego y se trocea.

Mientras se cuece se habrá confeccionado un sofrito a fuego lento, con cebolla, tomate y ajos. La salsa resultante será completada con perejil y con los trozos de la langosta para que el conjunto se rehogue durante cinco minutos. Se regará con cuatro tazas del caldo, reservado después de haber cocido la langosta. Se añadirá sal y pimienta, dejándose hervir a fuego vivo durante veinte minutos.

Por último, hay que añadir dos cucharadas de coñac y cocer cinco minutos más. En la mesa, cada comensal habrá puesto en su plato unas finas rebanadas de pan para escaldarlas con el caldo hirviendo y trozos de langosta.

quesos de la isla o con embutido (*sobrassada, carn i xulla*). La repostería menorquina es variada: *ensaïmades*, merengues, *crespells de matafaluga* (anís), *cocarrois* de verdura (cerrados), *torrons d'ametlla*, *corquinyolis*, *rosquets*, *bunyols de formatge*, *crespellines*, *gelats*... Deben buscarse en los hornos y pastelerías más frecuentados de cada localidad: La Tropical en Alaior, Can Moll en Ciutadella, Can Marc en Ferreries y especialmente Cas Sucrer en es Mercadal.

Licores y vinos

La isla de Menorca fue históricamente una importante productora e incluso exportadora de vinos. Sin embargo, a lo largo del siglo XIX la actividad vitivinícola fue disminuyendo, y en las primeras décadas del siglo XX tan solo había una modesta producción para el autoconsumo.

No fue hasta la década de 1980 cuando se impulsó en es Mercadal un proyecto vitivinícola moderno, y hoy existen en Menorca cinco bodegas productoras que comercializan bajo la mención Vino de la Tierra de Menorca. Se cultivan las variedades blancas chardonnay, macabeo, malvasía, moscatel, parellada y moll, y las tintas cabernet sauvignon, merlot, monastrell, syrah y tempranillo, aunque los vinos tintos de merlot y cabernet sauvignon son los más representativos de la isla.

En cambio, el *gin*, licor de enebro, tal vez también una herencia inglesa, es un producto menorquín de gran renombre. Se bebe solo o acompañado con limonada (*pomada*) o con soda y una corteza de limón (*pallofa*). La marca más conocida es Xoriguer, que tiene su destilería y fábrica distribuidora en el puerto de Maó.

ÍNDICE DE LUGARES

ÍNDICE DE MAPAS, PLANOS

MAPAS

PLANOS